Kauderwelsch
Band 130

Das Trampolin des
Straßenkinderzentrums

Impressum

Karel Dekempe
Kinyarwanda – Wort für Wort
erschienen im
Reise Know-How Verlag Peter Rump GmbH
Osnabrücker Str. 79, D-33649 Bielefeld

3. Auflage 2017

Bearbeitung Alexander Schwarz
Umschlag Peter Rump
Layout-Konzept Günter Pawlak, FaktorZwo! Bielefeld
Layout Alexander Schwarz
Fotos Karel Dekempe
Druck und Bindung Werbedruck GmbH Horst Schreckhase, Spangenberg

ISBN 978-3-8317-6501-0
Printed in Germany

Wer im Buchhandel kein Glück hat, bekommt unsere Bücher zuzüglich Porto- und Verpackungskosten auch direkt über unseren Internet-Shop: *www.reise-know-how.de*

Die Internetseiten mit Aussprachebeispielen und der Zugriff auf diese über QR-Codes sind eine freiwillige, kostenlose Zusatzleistung des Verlages. Der Verlag behält sich vor, die Bereitstellung des Angebotes und die Möglichkeit der Nutzung zeitlich und inhaltlich zu beschränken. Der Verlag übernimmt keine Garantie für das Funktionieren der Seiten und keine Haftung für Schäden, die aus dem Gebrauch der Seiten resultieren. Es besteht ferner kein Anspruch auf eine unbefristete Bereitstellung der Seiten.

Der Verlag möchte die **Reihe Kauderwelsch** weiter ausbauen und **sucht Autoren!** Mehr Informationen finden Sie unter *www.reise-know-how.de/rkh_mitarbeit.php*

Kauderwelsch

Karel Dekempe

Kinyarwanda

Wort für Wort

Kauderwelsch heißt:

- Schnell mit dem **Sprechen** beginnen, auch wenn nicht immer alles korrekt ist.
- Von der **Grammatik** wird nur das Wichtigste in einfachen Worten erklärt.
- Alle Beispielsätze werden doppelt ins Deutsche übertragen: erst **Wort-für-Wort,** dann in normales Deutsch. Die Wort-für-Wort-Übersetzung hilft, die neue Sprache schneller zu durchschauen, außerdem lassen sich dadurch leichter einzelne Wörter im fremdsprachigen Satz austauschen.
- Es geht um die **Alltagssprache,** also das, was man tatsächlich auf der Straße hört.
- Die **Autoren** sind entweder Reisende, die die Sprache im Land selbst gelernt haben oder Muttersprachler.

Kauderwelsch-Sprachführer sind keine Lehrbücher, aber viel mehr als traditionelle Reisesprachführer. Wer ein wenig Zeit investiert, einige Vokabeln lernt und die Sprache im Land anwendet, wird **Türen öffnen,** ein Lächeln ins Gesicht zaubern und reichere Erfahrungen machen.

Talk to each other!

Kauderwelsch Aussprachetrainer

Kauderwelsch zum Anhören

Einzelne Sätze und Ausdrücke aus diesem Buch können Sie sich **kostenlos anhören.** Diese **Aussprachebeispiele** erreichen Sie über die im Buch abgedruckten QR-Codes oder diese Adresse: www.reise-know-how.de/kauderwelsch/130

Die Aussprachebeispiele im Buch sind Auszüge aus dem umfassenden Tonmaterial, das unter dem Titel **„Kauderwelsch Aussprachetrainer Kinyarwanda"** separat erhältlich ist – als Download über Onlinehörbuchshops (ISBN 978-3-95852-066-0) oder als CD im Buchhandel (ISBN 978-3-8317-6151-7). Beide Versionen erhalten Sie auch über unsere Internetseite:

- **www.reise-know-how.de**

Alle Sätze, die Sie auf dem Aussprachetrainer hören können, sind in diesem Buch mit einem 👂 gekennzeichnet.

Inhalt

Inhalt

Konversation

Anhang

Unterwegs im Norden Ruandas

Land und Sprache

Ruanda gehört zu den wenigen afrikanischen Ländern, in denen alle Einwohner die gleiche Muttersprache sprechen: Kinyarwanda. Acht von zehn Einwohnern Ruandas beherrschen nur Kinyarwanda. Französisch und seit 1996 auch Englisch sind als „Amtssprachen" anerkannt. Die Regierung versucht, Englisch mehr zu fördern und den Gebrauch des Französischen zu verringern. In Reise- und Sprachführern liest man häufig, dass in Ruanda Kisuaheli, die Hauptverkehrssprache Ostafrikas, gesprochen wird, aber auch diese wird nur von wenigen beherrscht.

„Sie brauchen mindestens 20 Jahre, um diese Sprache zu lernen", sagte mir 1977 während meiner ersten Ruandareise ein Europäer, der schon lange in Ruanda lebte, aber selbst kein Kinyarwanda sprach.

Ich habe ihm nicht geglaubt. Zwei Monate später konnte ich mich schon etwas in dieser Sprache verständigen. Zwei Jahre später war ich als Entwicklungshelfer in Ruanda. Schon bald konnte ich mich fast mühelos mit meinen Kollegen und den Kranken im Gesundheitszentrum, wo ich arbeitete, unterhalten. Ganz Unrecht hatte der Europäer allerdings nicht: es ist sehr schwer, fehlerfreies Kinyarwanda zu lernen. Ist man aber nicht auf Perfektion aus, kann man sich recht schnell verständigen. Der Versuch, Kinyarwanda zu lernen, wird von den Ruandern sehr geschätzt. Sie helfen gerne dabei.

Kinyarwanda ist eine sehr regelmäßige Sprache, denn es gibt, im Gegensatz zu den europäischen Sprachen, kaum Ausnahmen. Kinyarwanda ist eine „Tonsprache“: Wenn das gleiche Wort in einer anderen Tonhöhe ausgesprochen wird, kann dies seine Bedeutung ändern. In der Schriftsprache werden die Töne nicht aufgezeichnet. Trotzdem verstehen die Ruander mühelos den Text. In diesem Buch gehe ich bewusst nicht auf Kinyarwanda als Tonsprache ein. Erhebliche Verständigungsschwierigkeiten entstehen dadurch nicht.

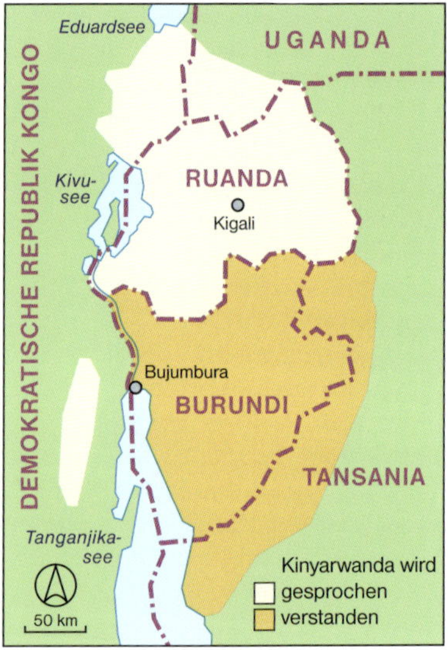

Kinyarwanda wird nicht nur in Ruanda gesprochen. In vorkolonialer Zeit sprach man es in weiten Teilen Ugandas, bis zum Eduardsee. Im Bufumbira Distrikt wird heute noch Kinyarwanda gesprochen, ebenso wie im Osten des Kongo, besonders in und um die Städte Rutshuru und Masisi, aber auch in anderen Teilen Ostkongos.

Kirundi, die Sprache Burundis, ist dem Kinyarwanda so ähnlich, dass Burunder und Ruander sich mühelos in ihrer jeweiligen Sprache unterhalten können. In Tansania an der Grenze zu Burundi werden auch Sprachen gesprochen, die für Kinyarwanda Sprechende gut verständlich sind.

Als ich mich im Westen Tansanias, so etwa 80 km von der ruandischen Grenze, bei einem Hirtenbuben auf Kisuaheli nach dem Weg erkundigte, fragte er seinen Freund auf Kinyarwanda: „Was hat er gesagt?" Das weitere Gespräch haben wir auf Kinyarwanda geführt, da diese Jungen die offizielle Sprache Tansanias nicht sprachen.

Es gibt in Kinyarwanda nur sehr kleine regionale Dialektvarianten. Sogar Kinyarwanda und Kirundi unterscheiden sich weniger voneinander als zwei deutsche Nachbardialekte.

Ruanda ist eines der bevölkerungsreichsten Länder Afrikas. Kinyarwanda ist mit über 12 Millionen Sprechern eine der größten Bantusprachen. Wenn man Kirundi mit mehr als 10 Millionen Sprechern hinzuzählt, wahrscheinlich sogar die größte.

Kinyarwanda ist, wie fast alle afrikanischen Sprachen südlich des Äquators, eine Bantusprache. Diese Sprachen haben alle eine sehr ähnliche Struktur mit Klassen und Vorsilben. Außerdem kommen viele Wörter in ähnlicher Form in den anderen Sprachen vor. Das Wort „Bantu" heißt Menschen und kommt in fast allen Bantusprachen vor. Wenn Sie Kinyarwanda beherrschen, wird es Ihnen leichtfallen, andere Bantusprachen dazuzulernen.

Hinweise zur Benutzung

Wo es die Verständlichkeit erfordert, wird die Klasse in der Wort-für-Wort-Übersetzung mit einer Zahl angegeben. Bei den Verbformen wird sie nach dem persönlichen Fürwort in Klammern gesetzt. Zum Beispiel:

Mehrzahl: Mz
Einzahl: Ez

Imodoka yanjye yapfuye.
5.3Ez-Auto 5.3Ez-mein es(5.3)-ist-tot
Mein Auto ist defekt.

-ra- (Gegenwart)	wird in der Wort-für-Wort-Übersetzung mit „*-heute-*" wiedergegeben.
-za- (Zukunft)	wird in der Wort-für-Wort-Übersetzung mit „*-Zukunft-*" wiedergegeben.
-a- (Vergangenheit)	wird in der Wort-für-Wort-Übersetzung mit „*-Vergangenheit-*" wiedergegeben.
ku- (Grundform)	wird in der Wort-für-Wort-Übersetzung mit „-Grundform-" wiedergegeben.
Befehlsform:	Die Befehlsform wird in der Wort-für-Wort-Übersetzung mit „*-Befehl-*" wiedergegeben.

Nimusunike! [ni-mu-sunik-e!]
Befehl-ihr-drücken-Befehl
Schieben Sie (Mz.)!

Data araririmbisha abashyitsi.
[Data a-ra-ririmb-isha abashyitsi.]
mein-Vater er-heute-singen-lässt Besucher
Mein Vater lässt die Besucher singen.

Uzashobora kumfasha?
[u-za-shobora ku-m-fasha?]
du-Zukunft-können Grundform-mich-helfen
Werden Sie mir helfen können?

Der Vergangenheitsstamm und die abgeleiteten Tätigkeitswörter werden mit der entsprechenden deutschen Übersetzung wiedergegeben.

Nanyagiwe. [N-a-nyagiwe.]
ich-Vergangenheit-bin-nass
Ich bin nass geworden.

Straßenkinder in Kigali

Aussprache

Kinyarwanda wird meist wie Deutsch ausgesprochen. Es gibt jedoch einige Ausnahmen:

Konsonanten

r und l sind, was die Aussprache betrifft, immer frei austauschbar, z. B. ariko (aber) wird auch aliko gesprochen. Auch wenn Ruander eine Fremdsprache sprechen oder schreiben, verwechseln sie oft r und l.

Wenn r gesprochen wird, niemals rollen! Geschrieben wird immer r, außer in Eigennamen wie Kigali.

Selbstlaute (Vokale)

Im Kinyarwanda gibt es 5 Selbstlaute: a e i o u. Diese können kurz oder lang gesprochen werden, was man beim geschriebenen Wort nicht erkennen kann.

Das Wort isoko kann sowohl „Markt" als auch „Quelle" bedeuten. Markt wird isocko gesprochen, Quelle isohko.

a, i, u werden wie im Deutschen ausgesprochen. Das o ist halboffen; es klingt also nicht so offen wie in „offen“ , aber auch nicht so geschlossen wie in „Ofen“. Das e ist halboffen; es klingt nicht so offen wie in „Geld“, aber auch nicht so geschlossen wie in „Schnee“ und niemals dumpf wie in „schlafen“.

Laut	Aussprache	Beispiel
c	wie „tsch" in „Matsch"	**Ceceka!** (Schweige!)
j	wie zweites „g" in „Garage"	**ijoro** (Nacht)
y	wie „j" in ja	**yego** (ja)
z	stimmhaft wie „s" in „Rose"	**inzoga** (Bier)
s	immer wie scharfes „ß" in „Straße"	**Wumvise?** (Verstehst du?)
sh	wie „sch" in „Schule"	**ishuri** (Schule)

Buchstabenkombinationen mit **n** als erstem Buchstaben:

Laut	Aussprache	Beispiel
nt	wie „nh" in „Inhaber"	**ntacyo** (nichts)
	Diese Buchstabenkombination kommt sehr häufig vor.	
nk	wie „nkh" in „Trinkhalle"	**inka** (Kuh)

Buchstabenkombinationen mit **w** als letztem Buchstaben:

Laut	Aussprache	Beispiel
bw	wie „bg" in „abgeben"	**imbwa** (Hund)
rw	wie „rgw" in „argwöhnen"	**Kinyarwanda**
tw	wie „tqu" in „Giftqualle"	**umutwe** (Kopf)
fw	wie „fk" in „Laufkatze"	**igufwa** (Knochen)

Buchstabenkombinationen mit **y** als letztem Buchstaben:

Laut	Aussprache	Beispiel
shy	wie „sch" in „Schein"	**ibishyimbo** (Bohnen)
cy	wie „tsch" in „Tschechien"	**cyane** (viel)
ry	wie „lkj" gesprochen	**kurya** (essen)
sy	wie „sk" in „Skat"	**gusya** (mahlen)
jy	fast wie „gj"	**yanjye** (mein)

Anmerkungen: mh *wird oft als* mp *geschrieben, obwohl es* mh *ausgesprochen wird.* mpa! *(Gib mir!) wird* mha *gesprochen. In der Grundform des Tätigkeitswortes* guha *(geben) wird das* h *jedoch geschrieben, wie es gesprochen wird.*

Betonung

Im Kinyarwanda gibt es keine Betonung wie Sie es vom Deutschen kennen. Kinyarwanda ist eine „Tonsprache“: Wenn das gleiche Wort in einer anderen Tonhöhe ausgesprochen wird, kann dies seine Bedeutung ändern. So heißt das Wort inda sowohl „Bauch” als auch „Laus”. Außer in sprachwissenschaftlichen Büchern werden die Töne nicht geschrieben.

Für Europäer ist das Tonsystem des Kinyarwanda sehr schwer erlernbar. Da die Ruander im Allgemeinen mühelos Texte verstehen, in denen weder die Selbstlautlänge noch die Tonhöhe aufgezeichnet werden, können wir auch auf die Notierung der Töne verzichten.

Achten Sie aber auf die Aussprache der Ruander und versuchen Sie, die Wörter in der gleichen Tonhöhe nachzusprechen.

Aussprache des Endselbstlautes

Im Kinyarwanda endet jedes Wort mit einem Selbstlaut. Wenn das nachfolgende Wort mit einem Selbstlaut anfängt, wird der Endselbstlaut nicht ausgesprochen, d. h. beide Wörter werden wie ein einziges Wort gesprochen.

Urashaka iki?	(Was wollen Sie?) wird zu:	**Urashahkiki?**
Muhe amafaranga!	(Gib ihm Geld!) zu:	**Muhamafaranga!**
Ni umudage.	(Es ist ein Deutscher) zu:	**Numudahge.**
Yezu akuzwe!	(„Jesus sei gelobt!“) zu:	**Jesakusgwe!**

Wenn ein Wort auf o oder u endet und das nachfolgende Wort mit einem Selbstlaut anfängt, wird dieses o oder u vor a, e, oder i als w ausgesprochen:

mirongo ine (vierzig) wird **mirohngwine**
mu isoko (auf dem Markt) wird **mwisoko**

Ausnahme:

mu inzu (im Hause) wird **muhnzu.**

Vor o oder u fällt o oder u weg:

umurongo umwe wird **umurohngumwe.**

Lautveränderungen

vor c, f, h, k, p, s, t verändern sich
tu- = du- ta- = da- ki- = gi- ka- = ga- ku- = gu-
vor einem Selbstlaut verändern sich
tu- = tw- ta- = t- ki - k- ka- = k- ku- = kw-
n- fällt vor einem anderen n weg.
n- + -r ergibt nd
n- + -y ergibt nz
n- wird vor b, p, v, f zu m-
Also: mb, mp, mv, mf.
n- + - h wird mp geschrieben, aber weiterhin mh gesprochen.
a- + -i verschmelzen zu e.
a- wird vor a, e, o, u zu y-.
i- vor einem Selbstlaut wird auch zu y-.
u- vor einem Selbstlaut wird zu w-.

Beispiele für diese Regeln finden Sie im Grammatikteil.

Wörter, die weiterhelfen

An Stelle der Punkte können Sie Begriffe aus dem Wörterverzeichnis im Anhang in unveränderter Form einfügen und damit schon sehr viel sagen.

Ndashaka …	**Ich möchte / suche …**

Ich möchte Wasser.	**Ndashaka amazi.** *ich-heute-suche Wasser*
Ich suche das Krankenhaus.	**Ndashaka ibitaro.** *ich-heute-suche Krankenhaus*
Ich möchte trinken.	**Ndashaka kunywa.** *ich-heute-suche Grundform-trinken*
Ich möchte Wasser trinken.	**Ndashaka kunywa amazi.** *ich-heute-suche Grundform-trinken Wasser*
Ich möchte Peter sprechen.	**Ndashaka Petero.** *ich-heute-suche Peter*

Urashaka …?	**Möchten / Suchen Sie …?**

Möchten Sie Wasser?	**Urashaka amazi?** *du-heute-suchen Wasser*
Möchten Sie schlafen?	**Urashaka kuryama?** *du-heute-suchen Grundform-hinlegen*

Was möchten Sie?	**Urashaka iki?** *du-heute-suchen was*
	Sinshaka ...? Ich will nicht ...
Ich möchte kein Wasser.	**Sinshaka amazi.** *Nicht-ich-suche Wasser*
Ich will nicht essen.	**Sinshaka kurya.** *Nicht-ich-suche Grundform-essen*
	Ngomba ... Ich muss ...
Ich muss heimgehen.	**Ngomba gutaha.** *ich-muss Grundform-heimgehen*
	Ugomba ... Sie müssen ...
Sie müssen bezahlen.	**Ugomba gutanga.** *du-muss Grundform-bezahlen*
Ja	**yego**
Nein	**oya**
Möchten Sie was trinken? – Nein, danke.	**Urashaka kunywa? – Oya, sinshaka.** *du-heute-suchen Grundform-trinken – nein nicht-ich-suche*
Möchten Sie Wasser? – Ja, bitte.	**Urashaka amazi? – Yego, ndashaka.** *du-heute-suchen Wasser – Ja ich-suche*

Hauptwörter

Bei Hauptwörtern (Substantiven) wird grammatisch nicht nach Geschlechtern (männlich, weiblich, sächlich) unterschieden. Außerdem gibt es weder „Fälle“ noch Artikel. Umuntu kann sowohl „Mensch”, „ein Mensch”, „der Mensch”, „des Menschen”, „dem Menschen” oder „den Menschen” bedeuten.

Hauptwörter bestehen im Kinyarwanda aus: Anfangsbuchstabe + Vorsilbe + Stamm. Der Anfangsbuchstabe fällt manchmal weg.

Wortklassen

Jedes Hauptwort ist im Kinyarwanda einer bestimmten Klasse zugeordnet, die durch eine Vorsilbe gekennzeichnet wird. Es gibt zehn Klassen.

Die Vorsilben ändern sich vor c, f, h, k, p, s, t und vor einem Selbstlaut. Die Vorsilbe der dritten Klasse ändert sich vor b, h, p, v und f.

Nur die 1. und die 2. Klasse haben die gleiche Vorsilbe u-mu-: In der 1. Klasse kommen nur Bezeichnungen für Menschen vor, in der 2. Klasse hingegen keine. Wenn man also die Bedeutung eines Wortes kennt, weiß man, ob es zur 1. oder zur 2. Klasse gehört.

Zur dritten Klasse gehören einige Wörter, die keine Vorsilbe haben: zum Beispiel I-mana (Gott) und i-hene (Ziege).

1. Klasse	**u-mu-ntu**	Mensch
vor einem Selbstlaut:	**u-mw-ana**	Kind
2. Klasse	**u-mu-ti**	Medikament
vor einem Selbstlaut:	**u-mw-enda**	Stoff / Tuch / Kleid
3. Klasse	**i-n-ka**	Kuh
vor einem Selbstlaut	**i-nz-ira**	Weg
vor b, h, p, v, f	**i-m-bwa**	Hund
4. Klasse	**i-ki-jumba**	Süßkartoffel
vor c, f, h, k, p, s, t:	**i-gi-tabo**	Buch
vor einem Selbstlaut:	**i-cy-uma**	Messer, Eisen
5. Klasse	**i-shuri**	Schule
6. Klasse	**u-ru-shinge**	Spritze / Nadel
vor einem Selbstlaut:	**u-rw-andiko**	Brief
7. Klasse	**a-ka-jumba**	Süßkartöffelchen
vor c, f, h, k, p, s, t:	**a-ga-tabo**	Büchlein
vor einem Selbstlaut:	**a-k-ana**	Kindlein
8. Klasse	**u-bu-zima**	Gesundheit
vor einem Selbstlaut:	**u-bw-ato**	Boot
9. Klasse	**u-ku-boko**	Arm
vor c, f, h, k, p, s, t:	**u-gu-twi**	Ohr
vor einem Selbstlaut:	**u-kw-ezi**	Mond
10. Klasse	**a-ha-ntu**	Platz

Die fünfte Klasse besitzt nur einen Anfangsbuchstaben, keine Vorsilbe.

Die siebte Klasse enthält fast nur Verkleinerungsformen. Man kann von jedem Wort die Verkleinerungsform bilden, indem man den Anfangsbuchstaben und die Vorsilbe durch a-ka- ersetzt.

Die zehnte Klasse enthält nur das eine Wort ahantu (Platz).

Die Hauptwörter der Klasse 5.3. werden auf Seite 27 aufgelistet.

Mehrzahl

Um die Mehrzahl (Mz) zu bilden, ersetzt man den Anfangsbuchstaben und die Vorsilbe der Einzahl (Ez) durch den Anfangsbuchstaben und die Vorsilbe der Mehrzahlform der entsprechenden Klasse.

	Einzahl	Mehrzahl	
1. Klasse	**u-mu-ntu**	**a-ba-ntu**	Menschen
vor einem Selbstlaut:	**u-mw-ana**	**a-b-ana**	Kinder
2. Klasse	**u-mu-ti**	**i-mi-ti**	Medikamente
vor einem Selbstlaut:	**u-mw-enda**	**i-my-enda**	Tücher / Kleider
3. Klasse	**i-n-ka**	**i-n-ka**	Kuh
vor einem Selbstlaut	**i-nz-ira**	**i-nz-ira**	Weg
vor **b, h, p, v, f**	**i-m-bwa**	**i-m-bwa**	Hund
4. Klasse	**i-ki-jumba**	**i-bi-jumba**	Süßkartoffel
vor c, **f, h, k, p, s, t**	**i-gi-tabo**	**i-bi-tabo**	Buch
vor einem Selbstlaut:	**i-cy-uma**	**i-by-uma**	Messer / Eisen
5. Klasse	**i-shuri**	**a-ma-shuri**	Schule
6. Klasse	**u-ru-shinge**	**i-n-shinge**	Spritzen / Nadel
vor einem Selbstlaut:	**u-rw-andiko**	**i-nz-andiko**	Briefe
vor **b, h, p, v, f**	**u-ru-papuro**	**i-m-papuro**	Papiere
7. Klasse	**a-ka-jumba**	**u-tu-jumba**	Süßkartöffelchen
vor **c, f, h, k, p, s, t:**	**a-ga-tabo**	**u-du-tabo**	Büchlein
vor einem Selbstlaut:	**a-k-ana**	**u-tw-ana**	Kindlein
8. Klasse	**u-bu-zima**	**—**	Gesundheit
vor einem Selbstlaut:	**u-bw-ato**	**a-m-ato**	Boot
9. Klasse	**u-ku-boko**	**a-ma-boko**	Arm
vor **c, f, h, k, p, s, t:**	**u-gu-twi**	**a-ma-twi**	Ohr
vor einem Selbstlaut:	**u-kw-ezi**	**a-m-ezi**	Mond / Monat
10.Klasse	**a-ha-ntu**	**a-ha-ntu**	Platz

Bei der 3. und der 10. Klasse gibt es keinen Unterschied zwischen Einzahl und Mehrzahl.

In der 8. Klasse kommen sehr viele abstrakte Wörter wie „Leben" „Weisheit" „Menschlichkeit" vor, selbstverständlich nicht in der Mehrzahlform. Der Stamm der wenigen nicht abstrakten Wörter dieser Klasse fängt immer mit einem Selbstlaut an.

Einige Wörter der fünften Klasse gibt es nur in der Mehrzahlform. Sie stehen alle für Flüssigkeiten: z. B. a-ma-zi: Wasser, a-ma-ta: Kuhmilch, a-ma-vuta: Öl, Butter, a-ma-raso: Blut.

Deutsch	Klasse	Einzahl	Mehrzahl
Schaf	3.	**intama**	**intama**
Arzt	1.	**umuganga**	**abaganga**
Fehler	4.	**icyago**	**ibyago**
Stamm, Ethnie	8.	**ubwoko**	**amoko**
Stöckchen	7.	**agati**	**uduti**
Wohngehöft	6.	**urugo**	**ingo**
Banane	2.	**umuneke**	**imineke**

Es gibt nur wenige Ausnahmen von diesen Regeln. Einige Wörter der fünften Klasse bilden ihre Mehrzahl unregelmäßig:

Zahn	**iryinyo**	Zähne	**amenyo**
Wort	**ijambo**	Worte	**amagambo**
Auge	**ijisho**	Augen	**amaso**

Uruyuki (Biene) gehört zur 6. Klasse. Da n + y immer zu nz wird, lautet die Mehrzahlform inzuki (i-n- + -yuki).

Eigenschaftswörter

Wenn Sie von den Vorsilben der Hauptwörter die Anfangsbuchstaben weglassen, erhalten Sie die Vorsilbe der Eigenschaftswörter.

Es gibt weniger als 20 Eigenschaftswörter (Adjektive) im Kinyarwanda. Alle übrigen werden durch Umschreibungen ersetzt. So sagt man z. B. für „grün" kirasa n'icyatsi kibisi, das heißt „Es sieht dem jungen Gras ähnlich". Oder man verwendet „von" (siehe Kapitel „Fürwörter").

Eigenschaftswörter stehen im Gegensatz zum Deutschen immer nach dem Hauptwort, auf das sie sich beziehen. In der Wörterliste finden Sie nur den Stamm der Eigenschaftswörter. Ähnlich wie im Deutschen, (ein großer Mann, eine große Frau, ein großes Kind) richten sich die Eigenschaftswörter nach dem Hauptwort, auf das sie sich beziehen. Die Vorsilbe entspricht der Klasse des Hauptwortes.

Ein Sonderfall ist die 5. Klasse: Eigenschaftswörter, die sich auf Hauptwörter der 5. Klasse beziehen, bekommen in der Einzahlform die Vorsilbe ri-, in der Mehrzahlform die Vorsilbe ma-. Manchen Hauptwörtern der 5. Klasse wird aber in der Einzahlform ein Eigenschaftswort mit der Vorsilbe der 3. Klasse zugeordnet.

Also unterscheidet man eine Klasse 5.5 (Wörter der Klasse 5, die Eigenschaftswörter mit der Vorsilbe ri- haben) und eine Klasse 5.3 (Wörter der Klasse 5, die Eigenschaftswörter mit der Vorsilbe n- haben). Beispiel: Eigenschaftswort: -to (klein):

Wo es die Verständlichkeit erfordert, wird dem jeweiligen Wort in der Wort-für-Wort-Übersetzung die Klasse in Form der entsprechenden Zahl hinzufügt, z. B.:

inshinge nto
6Mz-Spritze 6Mz-klein
eine kleine Spritze

	Einzahl	Mehrzahl
1. Klasse	**umuntu mu-to** kleiner Mensch	**abatu ba-to** kleine Menschen
2. Klasse	**umwenda mu-to** kleines Tuch	**imyenda mi-to** kleine Tücher
3. Klasse	**inka n-to** kleine Kuh	**inka n-to** kleine Kühe
4. Klasse	**igitabo gi-to** kleines Buch	**ibitabo bi-to** kleine Bücher
5.5 Klasse	**ishuri ri-to** kleine Schule	**amashuri ma-to** kleine Schulen
5.3 Klasse	**Isuka n-to** kleine Hacke	**amasuka ma-to** kleine Hacken
6. Klasse	**urushinge ru-to** kleine Spritze	**inshinge n-to** kleine Spritzen
7. Klasse	**akana ga-to** kleines Kind	**utwana du-to** kleine Kinder
8. Klasse	**ubwato bu-to** kleines Boot	**amato ma-to** kleine Boote
9. Klasse	**ukuboko gu-to** kleiner Arm	**amaboko ma-to** kleine Arme
10.Klasse	**ahantu ha-to** kleiner Platz	**ahantu ha-to** kleine Plätze

Häufig benutzte Eigenschaftswörter

-zima	gesund
-gufi	kurz
-shya	neu
-ke oder **-keya**	wenig
-to oder **-toya**	klein
-kuru	groß
-nini	dick
-bisi	jung/frisch/grün/roh
-bi	schlecht / böse
-re-re	lang
-iza	gut
-inshi	viel

Auch bei Eigenschaftswörtern greifen die schon erwähnten Regeln der Lautveränderung:

Da -shya, -ke, -keya, -to, -toya und -kuru zu der Gruppe, der mit c, f, h, k, p, s, t beginnenden Worte gehört, gibt es eine Lautveränderung bei den Vorsilben.

Bei -nini gilt n+ -nini = nini, also: umuntu munini (dicker Mensch), aber: inka nini (dicke Kuh).

Bei -bisi und -bi verändert sich die Vorsilbe; n- ändert sich vor diesen Eigenschaftswörtern in m-: umuntu mubi (schlechter Mensch), aber inka mbi (schlechte Kuh).

Das Eigenschaftswort -re-re besteht aus zwei Teilen, wobei es zweimal die Vorsilbe verwendet. Beide müssen dann auch verändert werden: umuntu muremure (langer Mensch).

Außerdem ergibt n + r immer nd: inzira ndende (langer Weg).

Trifft ein -a auf die Eigenschaftswörter -iza und -inshi, werden a + i immer zu einem e: umuntu mwiza (guter Mensch), abantu beza (= ba + iza) (gute Menschen), amakuru meza (= ma + iza) (gute Nachrichten).

Trifft hingegen die Vorsilbe n- auf die Eigenschaftswörter -iza und -inshi, wird -iza zu nziza (z. B. inka nziza – gute Kühe) und -inshi zu nyinshi (z. B. inka nyinshi – viele Kühe).

Die nachfolgenden wichtigen Hauptwörter gehören zur Klasse 5.3:

	Einzahl	Mehrzahl
Sauberkeit	**isuku**	-
Hacke	**isuka**	**amasuka**
Fisch	**ifi**	**amafi**
Gabel	**ikanya**	**amakanya**
Übelkeit	**iseseme**	-
Mörser	**isekuru**	**amasekuru**
Taschenlampe	**isitimu**	**amasitimu**
Brief	**ibarwa**	**amabarwa**
Teller	**isahani**	**amasahani**
Kugelschreiber, Bleistift	**ikaramu**	**amakaramu**
Quelle	**isoko**	**amasoko**

Das Wort für „Markt" lautet ebenfalls isoko (Ez), amasoko (Mz), aber es gehört zur Klasse 5.5: isoko nini: eine große Quelle; isoko linini: ein großer Markt.

Fürwörter

Ähnlich wie im Deutschen richten sich die Fürwörter im Kinyarwanda nach dem Hauptwort, auf das sie sich beziehen.

		Einzahl	Mehrzahl
Klasse 1	vor Mitlaut	u-	ba-
	vor Selbstlaut	w-	b-
Klasse 2	vor Mitlaut	u-	i-
	vor Selbstlaut	w-	y-
Klasse 3	vor Mitlaut	i-	zi-
	vor Selbstlaut	y-	z-
Klasse 4	vor Mitlaut	ki-	bi-
	vor c, f, h, k, p, s, t	gi-	bi-
	vor Selbstlaut	cy-	by-
Klasse 5.5	vor Mitlaut	ri-	a-
	vor Selbstlaut	ry-	y-
Klasse 5.3	vor Mitlaut	i-	a-
	vor Selbstlaut	y-	y-
Klasse 6	vor Mitlaut	ru-	zi-
	vor Selbstlaut	rw-	z-
Klasse 7	vor Mitlaut	ka-	tu-
	vor c, f , h, k, p, s, t	ga-	du-
	vor Selbstlaut	k-	tw-
Klasse 8	vor Mitlaut	bu-	a-
	vor Selbstlaut	bw-	y-
Klasse 9	vor Mitlaut	ku-	a-
	vor c, f, h, k, p, s, t	gu-	a-
	vor Selbstlaut	kw-	y-
Klasse 10	vor Mitlaut	ha-	ha-
	vor Selbstlaut	h-	h-

Besitzanzeigendes „von“

Am häufigsten trifft man auf das Verhältniswort „von“, wenn ausgedrückt werden soll, wem was gehört. Und dieses Wörtchen heißt auf Kinyarwanda -a und wird immer an die Vorsilbe angehängt, die sich nach der Klassenzugehörigkeit des vorangegangenen Wortes richtet , d.h. nach der Klasse des Besitzes.

Klasse 1	**umwana wa Paulo** Kind von Paul	**abana ba Paulo** Kinder von Paul
Klasse 2	**umwenda wa Paulo** Tuch von Paul	**imyenda ya Paulo** Tücher von Paul
Klasse 3	**inka ya Paulo** Kuh von Paul	**inka za Paulo** Kühe von Paul
Klasse 4	**igitabo cya Paulo** Buch von Paul	**ibitabo bya Paulo** Bücher von Paul
Klasse 5.5	**ishuri rya Paulo** Schule von Paul	**amashuri ya Paulo** Schulen von Paul
Klasse 5.3	**isuka ya Paulo** Hacke von Paul	**amasuka ya Paulo** Hacken von Paul
Klasse 6	**urushinge rwa Paulo** Spritze von Paul	**inshinge za Paulo** Spritzen von Paul
Klasse 7	**akana ka Paulo** kleines Kind von P.	**utwana twa Paulo** kleine Kinder von Paul
Klasse 8	**ubwato bwa Paulo** Boot von Paul	**amato ya Paulo** Boote von Paul
Klasse 9	**ukuboko kwa Paulo** Arm von Paul	**amaboko ya Paulo** Arme von Paul
Klasse10	**ahantu ha Paulo** Ort von Paul	**ahantu ha Paulo** Orte von Paul

Vor einem Wort, das mit einem Selbstlaut beginnt (und das sind fast alle Wörter, außer den Eigennamen) verliert das Wort „von" das -a. Es werden also nur Vorsilbe und ein Häkchen geschrieben.

das Kind des Mannes	**umwana w' umugabo** *Kind von(1Ez) Mann*
die Bücher des Kindes	**ibitabo by' umwana** *Bücher von(4Ez) Kind*
die Kuh der Frauen	**inka y' abagore** *Kuh von (3Ez) Frauen*

Viele „fehlenden" Eigenschaftswörter werden in Kinyarwanda mit dem Wort „von"gebildet.

gelbe Dinge	**ibintu by' umuhondo** *Dinge von(4Mz) Gelb*
ein weißes Tuch	**umwenda w' igitare** *Tuch von(2Ez) Weiß*

Besitzanzeigende Fürwörter

Den folgenden Wörtern wird „von" vorgestellt:

mein	**-njye**	unser	**-cu**
dein/ihr	**-we**	euer	**-nyu**
sein/ ihr	**-e**	ihr	**-bo**

Vor -e (sein/ihr) entfällt das -a in „von".

unsere Kühe	**inka zacu**
unsere Kuh	**inka yacu**
mein Buch	**igitabo cyanjye**
eure Eltern	**ababyeyi banyu**
ihr(Mz) Kind	**umwana wabo**
sein/ihr Kind	**umwana we**
deine/Ihre Spritze	**urushinge rwawe**
sein/ihr Buch	**igitabo cye**

Dieses und jenes

Dieses wird aus der Vorsilbe des Fürworts gebildet und richtet sich nach der Klasse des Hauptwortes.

Nach hinweisenden Fürwörtern entfällt der Anfangsbuchstabe des Hauptwortes.

Klasse 1	**uyu mwana** dieses Kind	**aba bana** diese Kinder
Klasse 2	**uyu mwenda** dieses Tuch	**iyi myenda** diese Tücher
Klasse 3	**iyi nka** diese Kuh	**izi nka** diese Kühe
Klasse 4	**iki gitabo** dieses Buch	**ibi bitabo** diese Bücher
Klasse 5.5	**ili shuri** diese Schule	**aya mashuri** diese Schulen
Klasse 5.3.	**iyi suka** diese Hacke	**aya masuka** diese Hacken
Klasse 6	**uru rushinge** diese Spritze	**izi nshinge** diese Spritzen

Klasse 7	**aka kana** dieses kleine Kind	**utu twana** diese kleinen Kinder
Klasse 8	**ubu bwato** dieses Boot	**aya mato** diese Boote
Klasse 9	**uku kuboko** dieser Arm	**aya maboko** diese Arme
Klasse 10	**aha hantu** dieser Ort	**aha hantu** diese Orte

Wollen Sie diese Wörter benutzen, ohne das Hauptwort anzuführen, merken Sie sich die Konstruktion: „dieses" + ng + "dieses"

uyunguyu	dieser (Mensch - **umuntu)**
ikingiki	dieses (Ding - **ikintu)**
ahangaha	dieser (Ort - **ahantu)**

Bei der Verwendung von „jenes" merken Sie sich: Vorsilbe der Fürwörter + -riya.

jenes Kind	**uriya mwana**
jene Kinder	**bariya bana**
jene Kuh	**iriya nka**
jene Kühe	**ziriya nka**
jenes Buch	**kiriya gitabo**
jener Ort	**hariya hantu**
jenes/jener (Kind, Mensch)	**uriya**
jener (Ort) = dort	**hariya**

uliya, baliya, ziliya, *usw. können auch ohne Hauptwort verwendet werden.*

Es gibt zwar noch mehr Formen von „dieses" und „jenes" im Kinyarwanda, aber die hier vorgestellten werden am häufigsten verwendet.

Persönliche Fürwörter

ich	**jyewe**
du/Sie	**wowe**
er/sie(Ez)	**we**
wir	**twebwe**
ihr	**mwebwe**
sie(Mz)	**bo**

Persönliche Fürwörter werden nur zur Betonung oder ohne Tätigkeitswort verwendet.

Arakubita.
er-heute-schlägt
Er schlägt.

We, arakubita.
er er-heute-schlägt
Er, er schlägt.

Ni nde?
ist wer
Wer ist da?

Jyewe!
ich
Ich!

Beim Tätigkeitswort gibt die Vorsilbe Auskunft über die handelnde Person (Subjekt). Die Ich-Form n- wird vor b, f, h, v, p zu m-:

ich	**n- (m-)**	wir	**tu-**
du/Sie	**u-**	ihr	**mu-**
er/sie/es	**a-**	sie	**ba-**

Im Kinyarwanda wird kein Unterschied zwischen „du“ und „Sie“ gemacht. Jeder wird mit „du“ angesprochen. Es gibt aber eine alte „Sie“-Form, und zwar mit mu-. Diese findet man auch heute noch in Ausdrücken wie Muraho! („Guten Tag!“) oder Murakoze! („Danke!“). Sie werden auch guten Bekannten gegenüber verwendet.

Achtung:

Die Vorsilben a- und ba- verwendet man nur für Wörter der 1. Klasse (Das sind fast alle Wörter für Personen). Für Wörter anderer Klassen setzt man anstelle von a- oder ba- die Vorsilbe der Umstandswörter der jeweiligen Klasse (siehe: Fürwörter), also z. B. für Klasse 2 Einzahl: u- oder für Klasse 3 Mehrzahl: zi-.

In der Wort-für-Wort-Übersetzung schreibt man z. B. es(2Ez), dies bedeutet „es 2. Klasse Einzahl". Für die Mehrzahl schreibt man z. B. sie(3Mz), und meint „sie 3. Klasse Mehrzahl".

Auch hier gibt es die, vom Hauptwort, Eigenschaftswort und Umstandswort her schon bekannten Lautveränderungen vor Selbstlauten und vor c, f, h, k, p, s, t. Entsprechend wird das tu- für „wir" dann zu einem du-. Und vor Selbstlauten ändern die Vorsilben sich folgendermaßen:

Einzahl		**Mehrzahl**	
ich	**n-**	wir	**tw-**
du/Sie	**w-**	ihr	**mw-**
er/sie	**y-**	sie	**b-**

Objekt

Das Objekt eines Zeitwortes wird mit einer Zwischensilbe (Infix) gebildet.

mich/mir	**-n- (-m-)**
dich/dir; Sie/Ihnen	**-ku- (-gu-)**
ihn/ihm, sie/ihr, es	**-mu-**
uns	**-tu- (-du-)**
euch	**-ba-**
sie/ihnen	**-ba-**

arakubita.
er-heute-schlägt
Er schlägt.

aramukubita.
er-heute-ihn-schlägt
Er schlägt ihn.

Die Form n- (mich/mir) wird vor b, f, h, v, p zu m-.

Achtung:

Die Zwischensilben ihn/ihm, sie/ihr -mu- und sie/ihnen -ba- verwendet man nur für Wörter der 1. Klasse. Für Wörter der anderen Klassen setzt man anstelle von -mu- oder -ba- die Zwischensilbe der jeweiligen Klasse, welche meistens der Vorsilbe der Fürwörter (siehe: Fürwörter) entspricht, aber -u- wird zu -wu-, -i- zu -yi- und -a- zu -ya-.

arazikubita.
er-heute-sie(3mz)-schlägt
Er schlägt sie. (z. B. die Hunde: imbwa (3Mz))

Auch hier gibt es die bekannten Lautänderungen: Vor c, f, h, k, p, s, t wird -ku- zu -gu- und -tu- zu -du-. Und vor Selbstlauten ändern sich die Vorsilben folgendermaßen:

ich	**-n-**
du/Sie	**-k-**
er/sie	**-mw-**
wir	**-tw-**
ihr	**-b-**
sie	**-b-**

Werbebanner in Kigali

Tätigkeitswörter

Tätigkeitswörter (Verben) bestehen im Kinyarwanda aus einem Stamm mit Vor- und Nachsilben, die etwas über die Beugung (ich, du, er usw.) und die Zeitform (Gegenwart, Vergangenheit usw.) aussagen.

Da es im Kinyarwanda eine Unmenge von Zeitformen gibt und die Beugung sich auch nach der Klasse des agierenden Hauptwortes (Subjekt) richtet, ist es möglich, aus einem einzigen Zeitwort über tausend verschiedene Tätigkeitswortformen zu bilden.

Viele dieser Formen unterscheiden sich nur in der Tonhöhe voneinander.

Für die Verständigung reichen aber einige Tätigkeitswortformen aus. Mit den hier besprochenen werden Sie auch in der Lage sein, die meisten anderen Formen zu verstehen.

Grundform

Vorsilbe + Tätigkeitswortstamm + -a
Das sind die Bestandteile der Grundform. Die Vorsilbe ist entweder ku-, gu- oder kw- oder k-, je nach Anfangsbuchstaben des Tätigkeitswortstammes. Am häufigsten ist die Verwendung von ku-, z. B.: kubona (sehen, finden).
Wenn der Tätigkeitswortstamm mit c, f, h, k, p, s, t anfängt, erhält er die Vorsilbe gu-: gukora (arbeiten).

Wenn der Tätigkeitswortstamm mit einem Selbstlaut beginnt, ist die Vorsilbe kw- vor a, e, i: kwiga (lernen) und k- vor o, u: koga (waschen)

Der Tätigkeitswortstamm

Der Tätigkeitswortstamm lässt sich leicht von der Grundform ableiten, indem man die Vorsilbe und den Endselbstlaut -a weglässt.

kubona	Stamm: **-bon-**
gukora	Stamm: **-kor-**
kwiga	Stamm: **-ig-**

Um dann eine bestimmte Form bilden zu können, benötigt man neben der Vorsilbe, eine Auskunft über die handelnde Person und über die Zeitform. Das Bildungsschema ist:

Vorsilbe + **Zeitsilbe** + **Stamm** + **Endung**

... geben Auskunft über ...

Person + **Zeit** + **Tätigkeitswort** + **Zeit**

Zeiten

Gegenwart

Im Kinyarwanda drückt die Gegenwart aus, dass etwas jetzt stattfindet oder im Laufe des Tages stattfinden wird. Sie ist also gleichzeitig die Zukunftsform für den heutigen Tag.

Die Gegenwartsform besteht aus:
Vorsilbe + ra + Stamm + a

Im Kinyarwanda ändert sich die Kombination n + r immer zu n + d. Dadurch erhält die Ich-Form der Gegenwart nda- (statt nra-).

ich sehe	**ndabona**	wir sehen	**turabona**
du siehst	**urabona**	ihr seht	**murabona**
er/sie sieht	**arabona**	sie sehen	**barabona**

es(2Ez) sieht	**urabona**	sie(2Mz) sehen	**irabona**
es(3Ez) sieht	**irabona**	sie(3Mz) sehen	**zirabona**
es(4Ez) sieht	**kirabona**	sie(4Mz) sehen	**birabona**
es(5.5Ez) sieht	**rirabona**	sie(5.5Mz) sehen	**arabona**
es(5.3Ez) sieht	**irabona**	sie(5.3Mz) sehen	**arabona**
es(6Ez) sieht	**rurabona**	sie(6Mz) sehen	**zirabona**
es(7Ez) sieht	**karabona**	sie(7Mz) sehen	**turabona**
es(8Ez) sieht	**burabona**	sie(8Mz) sehen	**arabona**
es(9Ez) sieht	**kurabona**	sie(9Mz) sehen	**arabona**
es(10Ez) sieht	**harabona**	sie(10Mz) sehen	**harabona**

Ab jetzt gebe ich nur noch die Zeitformen an, die sich auf Menschen beziehen.

Wenn der Zeitwortstamm mit einem Selbstlaut anfängt, wird -ra- zu -r-:

ich lerne	**ndiga**
du lernst	**uriga**
er/sie/es lernt	**ariga**
wir lernen	**turiga**
ihr lernt	**muriga**
sie lernen	**bariga**

Gewohnheitsgegenwart

Will man ausdrücken, dass etwas gewohnheitsmäßig stattfindet, benutzt man die Gewohnheitsgegenwart. Diese wird gebildet aus: Vorsilbe + Stamm + a.

ich arbeite (gewöhnlich)	**nkora**
du arbeitest (gewöhnlich)	**ukora**
er/sie/es arbeitet (gewöhnlich)	**akora**
wir arbeiten (gewöhnlich)	**dukora**
ihr arbeitet (gewöhnlich)	**mukora**
sie arbeiten (gewöhnlich)	**bakora**

Die Ich-Form n- wird vor b, f, h, v, p zu m-:
Mvuga. Ich spreche (gewöhnlich).

Die Wir-Form tu- wird vor c, f, h, k, p, s, t zu du-:
Dufotora. Wir fotografieren (gewöhnlich).

Vor Selbstlauten ändern sich die Vorsilben:
Twiga. Wir lernen (gewöhnlich).

Die „normale" Gegenwart drückt aus, dass die Handlung jetzt stattfindet oder heute noch stattfinden wird:

Uravuga iki?
du-heute-sprichst was
Was sagst du jetzt?

Die Gewohnheitsgegenwart hingegen drückt aus, dass etwas gewöhnlich, normalerweise oder immer stattfindet:

Uvuga iki?
du-sprichst was
Welche Sprache sprichst du gewöhnlich?

Nitwa Karori.
ich-heiße-immer Karl
Ich heiße Karl.

Die „normale“ Gegenwart darf keinesfalls in Nebensätzen, die immer in der Gewohnheitsgegenwart stehen, benutzt werden.

Ndashaka ko utaha.
ich-heute-will dass du-heimgehst
Ich will, dass du heimgehst
(und zwar heute noch).

Zukunft

Die Zukunftsform umschreibt alles, was ab morgen passieren wird. Sie wird gebildet aus: Vorsilbe + za + Stamm + a:

ich werde sehen	**nzabona**
du wirst sehen	**uzabona**
er/sie/es wird sehen	**azabona**
wir werden sehen	**tuzabona**
ihr werdet sehen	**muzabona**
sie werden sehen	**bazabona**

Vor einem Selbstlaut wird -za- zu -z-:

er wird lernen	**aziga**

Vollendete Gegenwart (Perfekt)

Man bildet sie aus: Vorsilbe + a + Stamm + ye

ich habe gesehen	**nabonye**
du hast gesehen	**wabonye**
er/sie/es hat gesehen	**yabonye**
wir haben gesehen	**twabonye**
ihr habt gesehen	**mwabonye**
sie haben gesehen	**babonye**

Die Regel „Stamm + ye" gilt nur uneingeschränkt bei Tätigkeitswortstämmen, die auf b, m oder n enden.

Die Endkonsonanten aller anderen Tätigkeitswortstämme verschmelzen mit dem -ye der Vergangenheit. So heißt: „Ich habe gearbeitet" nicht nakorye, sondern nakoze.

-bonye und -koze nennt man den Vergangenheitsstamm. Diese Veränderungen sind sehr regelmäßig, und es gibt Regeln, den „Vergangenheitsstamm" aus dem Stamm abzuleiten.

Wenn der Tätigkeitswortstamm mit einem Selbstlaut beginnt, entfällt das -a- vor dem Stamm:

In der Wörterliste werden jeweils zwei Formen eines Tätigkeitswortes angegeben: Grundform und Vergangenheitsstamm.

ich habe gelernt **nize**

= n (ich) + ig (lernen)
+ ye (Vergangenheit)
und -g + ye wird zu -ze, also nize.

du hast gelernt **wize**

Andauernde Vergangenheit (Imperfekt)

Die andauernde Vergangenheit wird im gesprochenen Kinyarwanda viel weniger benutzt als die vollendete Gegenwart.

Diese sehr einfache Tätigkeitswortform ermöglicht es, die viel schwierigere vollendete Gegenwart zu vermeiden und trotzdem verstanden zu werden. So wird sie gebildet:

Vorsilbe + **a** + Stamm + **aga**

ich fand	**nabonaga**
du fandst	**wabonaga**
er fand	**yabonaga**
wir fanden	**twabonaga**
ihr fandet	**mwabonaga**
sie fanden	**babonaga**

Vor einem Selbstlaut entfällt das -a-:

ich lernte	**nigaga**

Auffordern und Befehlen

Im Kinyarwanda gibt es drei verschiedene Befehlsformen:

Gibt man nur einer Person einen Befehl, benutzt man den Stamm + a. Diese Form gilt nicht als unhöflich.

Für mehrere Personen benutzt man jedoch mu + Stamm + e. Vor einem Selbstlaut wird das mu- jedoch mw- gesprochen.

Kora!	**Mukore!**	**Mwige!**
Arbeite!	Arbeitet!	Lernt!

Wenn Sie, statt zu befehlen, höflich darum bitten möchten, stellen Sie ein ni- voran!

Nimukore!
Arbeiten Sie bitte!

Eine andere Art, jemanden höflicher aufzufordern, ist sich selbst in die Aufforderung mit einzubeziehen: „Lasst uns ...". Diese Form wird gebildet aus: tu + Stamm + e. Wie gehabt wird das tu zu du- vor c, f, h, k, p, s, t und vor einem Selbstlaut zu tw-.

Lasst uns an die Arbeit gehen!	**Dukore!**
Lasst uns lernen!	**Twige!**

Unregelmäßige Tätigkeitswörter

Die Beugung der Tätigkeitswörter im Kinyarwanda ist sehr regelmäßig. Nur ganz wenige Tätigkeitswörter weichen geringfügig von dem sonst so regelmäßigen Schema ab.

Hierzu gehören die Tätigkeitswörter, die einen Zustand ausdrücken, wie „wohnen", „bleiben", sowie die Hilftswörter wie „sein" und „haben".

Gegenwart von Zustandstätigkeitswörtern

Einige Tätigkeitswörter, die einen Zustand ausdrücken, benutzen den Vergangenheitsstamm (Stamm + ye). Auch hier treten die bei der Darstellung der Vergangenheit erwähnten Formänderungen ein. Es betrifft nur wenige Tätigkeitswörter, aber sie werden sehr häufig benutzt: Vorsilbe + ra + Stamm + ye.

ich bin krank	**ndarwaye**
du bist krank	**urarwaye**
er ist krank	**ararwaye**
wir sind krank	**turarwaye**
ihr seid krank	**murarwaye**
sie sind krank	**bararwaye**

Wenn ein weiteres Wort dieser Form folgt, fällt -ra- weg!

ich habe Malaria	**ndwaye mararia** *(ich-bin-krank Malaria)*
du hast Malaria	**urwaye mararia**
er hat Malaria	**arwaye mararia**
wir haben Malaria	**turwaye mararia**
ihr habt Malaria	**murwaye mararia**
sie haben Malaria	**barwaye mararia**

Die wichtigsten Tätigkeitswörter dieser Beugung sind:

	Grundform	Vergangenheitsstamm
wohnen (für kurze Zeit)	**gucumbika**	**-cumbitse**
wohnen (meistens)	**gutura**	**-tuye**
genug sein	**guhaga**	**-haze**
stark sein / gesund sein / schwierig sein	**gukomera**	**-komeye**
müde sein	**kunanirwa**	**-naniwe**
wütend sein	**kurakara**	**-rakaye**
liegen / schlafen	**kuryama**	**-ryamye**
krank sein	**kurwara**	**-rwaye**
alt sein	**gusaza**	**-shaje**
warm sein	**gushyuha**	**-shyushye**
Hunger haben	**gusonza**	**-shonje**
voll sein	**kuzura**	**-uzuye**

Sein

Die Grundform von „sein" ist kuba und bedeutet eigentlich „sich befinden". Die Gegenwart bildet man mit dem Stamm -ri, aber immer ohne -ra-.

ich bin	**ndi**
du bist	**uri**
er/sie ist	**ari** oder **ni**
wir sind	**turi**
ihr seid	**muri**
sie sind	**bari** oder **ni**

„Er/sie ist" wird mit ari übersetzt, „sie sind" mit bari, wenn eine Ortsangabe folgt. Sonst benutzt man immer ni.

Das i von ni wird vor einem Selbstlaut nicht ausgesprochen.

Er ist in Kigali.	**Ari i Kigali.**
Sie sind hier.	**Bari hano.**
Es ist ein Kind.	**Ni umwana.** sprich: **numwahna**
Es sind Menschen.	**Ni abantu.**
Es ist schön.	**Ni byiza.**
Es ist eine Kuh.	**Ni inka.** sprich: **ninkha**

Sein in der Vergangenheit

Eine einfache Bildung: Vorsilbe + a + ri

Er war in Kigali.	**Yari i Kigali.**
Wir waren Kinder.	**Twari abana.**

Sein in der Zukunft (heute)

Ohne Ortsangabe: Vorsilbe + ra + ba. Bei einer Ortsangabe verwendet man eine zusammengesetzte Form: Vorsilbe + ra + ba, Vorsilbe + ri

Turaba beza.
Wir werden (heute) schön sein.

Turaba turi i Kigali.
wir-heute-befinden wir-sind in Kigali
Wir werden heute in Kigali sein.

Zukunft (ab morgen)

Ohne Ortsangabe: Vorsilbe + za + ba. Mit Ortsangabe verwendet man die zusammengesetzte Form: Vorsilbe + za + ba, Vorsilbe + ri

Tuzaba beza.
Wir werden schön sein.

Tuzaba turi i Kigali.
wir-werden-befinden wir-sind in Kigali
Wir werden in Kigali sein.

Haben

Die Grundform von „haben" ist kugira.

Gegenwart

Diese Form bildet man aus Vorsilbe + fite.

n wird zu m vor f!

ich habe	**mfite**
du hast	**ufite**
er/sie/ hat	**afite**
wir haben	**dufite**
ihr habt	**mufite**
sie haben	**bafite**

Wenn die Tätigkeitswortform allein steht, benutzt man eine Form mit ra.

Ufite amafaranga?
du-hast (5Mz)Geld?
Hast du Geld?

Ndafite.
ich-heute-habe
Ich habe Geld.

Vergangenheit

Man bildet sie: Vorsilbe + a + ri, Vorsilbe + fite

Wari ufite amafaranga.
du-Vergangenheit-warst du-hast (5Mz)Geld
Du hast Geld gehabt.

Zukunft von heute

Bildung: Vorsilbe + ra + ba, Vorsilbe + fite

Uraba ufite amafaranga.
du-heute-befindest du-hast (5Mz)Geld
Du wirst heute Geld haben.

Zukunft ab morgen

Bildung: Vorsilbe + za + ba, Vorsilbe + fite

Uzaba ufite amafaranga.
du-Zukunft-befindest du-hast (5Mz)Geld
Du wirst Geld haben.

Verneinung

Tätigkeitswörter werden verneint, indem man eine negative Vorsilbe vor die Tätigkeitswortform setzt:

si-	Ich- Form
nti-	Form beginnt mit einem Mitlaut
nt-	Form beginnt mit einem Selbstlaut

Achtung: Die Formen nti- *und* nt- *werden* nhie- *bzw.* nh- *ausgesprochen!*

Verneinung

Bei der Verneinung der Gegenwart und der Zukunft (heute) fällt -ra- weg. Diese Form ist mit der verneinten Gewohnheitsgegenwart identisch.

sinkora.
nicht-ich-arbeite
Ich arbeite nicht (heute oder gewöhnlich).

ntarwaye.
nicht-er-ist krank
Er ist nicht krank.

ntituzakora.
nicht-wir-Zukunft-arbeiten
Wir werden nicht arbeiten (ab morgen).

sinabonye.
nicht-ich-Vergangenheit-gesehen
Ich habe nicht gesehen.

In Nebensätzen dürfen si-, nti- und nt- nicht benutzt werden. Hier setzt man -ta-, (bzw. -da- vor c, f, h, k, p, s, t) vor den Tätigkeitswortstamm.

Ndashaka ko udataha.
ich-heute-will dass du-nicht-heimgehst
Ich will, dass du nicht heimgehst / Sie nicht heimgehen.

Verneinung mit „nta"

Als verneinende Antwort auf Fragen benutzen die Ruander sehr oft folgende Form:

nta + Hauptwort + Tätigkeitswort (positiv)

Wabonye amafaranga?
du-Vergangenheit-gefunden Geld
Hast du Geld gefunden?

Oya, nta amafaranga nabonye.
nein, kein Geld ich-Vergangenheit-gefunden
Nein, ich habe kein Geld gefunden.

Noch häufiger lautet die Antwort:

Ntayo nabonye.
kein(5Ez) ich-Vergangenheit-gefunden
Ich habe keines gefunden.

Diese Form des Wortes „kein" richtet sich nach der Klasse: nta + die Vorsilbe der Umstandswörter + o. Die Vorsilbe der Fürwörter richtet sich dabei nach der jeweiligen Klasse (siehe: Fürwörter). Auch hier fällt bei der Gegenwart und Zukunft von heute -ra- weg.

Urashaka ibitabo?
du-heute-willst (4Mz)Bücher
Willst du Bücher?

Ntabyo mshaka.
keine(4Mz) ich-will
Ich will keine.

Ufite inka?
du-hast (3Ez)Kuh = (3Mz)Kühe
Hast Du eine Kuh /Kühe?

Ntayo mfite.
keine(3Ez) ich-habe
Ich habe keine (Kuh).

Ntazo mfite.
keine(3Mz) ich-habe
Ich habe keine (Kühe).

Verneinung der Befehlsformen

Für eine Person bildet man die Verneinung mit wi + Stamm + a oder ntu + Stamm + e

Bei mehreren Personen verneint man mit -ta- (bzw. -da- vor c, f, h, k, p, s, t) oder mit nti-:

mu + ta + Stamm + e oder nti + mu + Stamm + e

Wikora! oder **Ntukore!**	Arbeite nicht!
Mudakore! oder **Ntimukore!**	Arbeitet nicht!

Die „Lasst uns ... -Form" wird ebenfalls mit -ta- (-da-) oder nti- verneint:

tu + ta + Stamm + e oder nti + tu + Stamm + e

Tudakore! oder **Ntidukore!**	Lasst uns nicht an die Arbeit gehen!

Verneinung bei sein und haben

Die Verneinung von ni (er/sie/es ist) ist si (vor einem Selbstlaut wird das „i" von si nicht ausgesprochen).

Sie ist Europäerin.	**Ni umuzungu.**
Er ist kein Europäer.	**Si umuzungu.**
	sprich: **sumuzungu**
Ich bin es.	**Ni jyewe.**
Ich bin es nicht.	**Si jyewe.**

Die zusammengesetzten Formen mit „sein" und „haben" werden verneint, indem man nur das erste Tätigkeitswort verneint.

Du wirst in Kigali sein.	**Uzaba uri i Kigali.**
Du wirst nicht in Kigali sein.	**Ntuzaba uri i Kigali.**
Ich hatte Geld.	**Nali mfite amafaranga.**
Ich hatte kein Geld.	**Sinali mfite amafaranga.**
Ich werde Geld haben.	**Nzaba mfite amafaranga.**
Ich werde kein Geld haben.	**Sinzaba mfite amafaranga.**
Du wirst Geld haben.	**Uzaba ufite amafaranga.**
Du wirst kein Geld haben.	**Ntuzaba ufite amafaranga.**

Abgeleitete Tätigkeitswörter

Deutsche Tätigkeitswörter werden oft mit Wörtern wie „noch immer", „zusammen", „einander" und „mit" kombiniert. Dafür hat das Kinyarwanda eigene Tätigkeitswörter.

noch immer

Ersetzen Sie in der Gegenwartsform des Zeitwortes -ra- durch -racya-.

Ararwaye.	**aracyarwaye.**
er-heute-ist-krank	*er-noch-immer-ist krank*
Er ist krank.	Er ist noch immer krank.

sich (selbst), mich (selbst), dich (selbst ...)

Schieben Sie vor den Tätigkeitswortstamm ein -i- ein. z. B. mit gu-siga (einreiben):

Ndasiga umwana.	Ich reibe das Kind ein.
kw-i-siga	sich einreiben
Ndisiga.	Ich reibe mich ein.

einander

Schieben Sie nach dem Wortstamm ein -an- ein. Zum Beispiel mit kubona (sehen):

Tuzabona Petero.
wir-Zukunft-sehen Peter
Wir werden Peter sehen.

Tuzabonana.
wir-Zukunft-sehen-einander
Wir werden einander sehen.

(von „einander sehen“: kubonana*)*

mit

Fügen Sie zur „Einander-Form“ des Tätigkeitsworts einfach na (und) hinzu.

Tuzakorana na Petero.
wir-Zukunft-arbeiten-mit und Peter
Wir werden mit Peter arbeiten.

für

Fügen Sie nach dem Tätigkeitswortstamm entweder -er- oder -ir- ein; -er- wenn der vorangehende Selbstlaut e oder o ist; und -ir-, wenn der vorangehende Selbstlaut a, i oder u ist. Ein Beispiel mit gusabira (fragen für):

Ndasabira Petero ikintu.
ich-heute-frage-für Peter Ding
Ich frage nach dem Ding für Peter.

Vergleichen Sie mit dem nachfolgenden Beispiel, abgeleitet von gusaba (fragen):

Ndasaba ikintu.
ich-heute-frage Ding
Ich frage nach dem Ding.

zusammen

Hier müssen Sie einerseits -er- oder -ir- nach denselben regeln wie bei „für“ einfügen und andererseits hamwe (eins) nachstellen. z. B. mit kuririmba (singen), bzw. dessen Befehlsform:

Turirimbe!
wir-singen-Befehlsform
Lasst uns singen!

Daraus wird dann: kuririmbira hamwe bzw.

Turirimbire hamwe!
wir-singen-für-Befehlsform eins
Lasst uns zusammen singen!

lassen

Man fügt -esh- oder -ish- im Tätigkeitswortstamm ein; -esh- wenn der vorangehende Selbstlaut e oder o ist; -ish- wenn der vorangehende Selbstlaut a, i oder u ist. Vergleichen Sie:

Von kuririmba (singen) wird araririmba abgeleitet: „er-heute-singt“. Davon leitet man kuririmbisha (singen lassen) ab:

Data araririmbisha abashyitsi.
mein-Vater er-heute-singen-lässt Besucher
Mein Vater lässt die Besucher singen.

Von gukora (arbeiten) wird gukoresha „arbeiten lassen" oder „benutzen" abgeleitet.

Umuhinzi akoresha isuka.
Landwirt er-arbeiten-lässt Hacke
Der Landwirt benutzt eine Hacke.

werden

Für diesen Passivausdruck fügt man nach dem Stamm des Tätigkeitswortes ein -w- ein. Das Passiv wird im Kinyarwanda sehr häufig benutzt. Vergleichen Sie:

Arakubita. (von „schlagen" gukubita)
er-heute-schlägt
Er schlägt.

Für „geschlagen werden" leitet man gukubitwa ab:

Arakubitwa.
er-heute-geschlagen-wird
Er wird geschlagen.

Yita Yohani. (von „rufen" kwita)
er-ruft Johann
Er ruft gewöhnlich Johann.

Yitwa Yohani. (von „gerufen werden" kwitwa)
er-wird-gerufen Johann
Er heißt Johann.

Fragen

Aussagesatz und Fragesatz sind im Kinyarwanda identisch. Auch in der Betonung gibt es keinen Unterschied.

Urananiwe!
du-heute-müde-bist
Sie sind müde.

Urananiwe?
du-heute-müde-bist
Sind Sie müde?

In der Schriftsprache wird ein Fragezeichen nachgestellt; also: Urananiwe?

Aragenda imuhira.
er-heute-geht nach-Hause
Er geht nach Hause.

Aragenda imuhira?
er-heute-geht nach-Hause
Geht er nach Hause?

Will man betonen, dass es um eine Frage geht, fügt man einen Fragepartikel hinzu. Davon gibt es drei: ese und mbese werden vorangestellt, se steht am Satzende. Diese Fragepartikel werden relativ selten verwendet.

Ese urananiwe?
Mbese urananiwe?
Urananiwe se?
... bedeutet jeweils „Sind Sie müde?"

Ndabizi se?
ich-heute-4Mz.es-wissen Frage
Wie soll ich das wissen?

Abana baraho se?
Kinder sie-leben Frage
Geht es Ihren Kindern gut?

Genau wie im Deutschen werden viele Fragen mit einem Fragewort gebildet.

iki?	Was?
hehe? oder **he?**	Wo?
nde?	Wer?
ryari?	Wann?
-ngahe?	Wie viel?

urakora iki?
du-heute-arbeitest was?
Was machen Sie?

Utuye he? Utuye hehe?
du-wohnst wo
Wo wohnen Sie?

Ni nde?
ist wer
Wer ist da?

Uyu muntu ni nde?
1Ez-dieser 1Ez-Mensch ist wer
Wer ist dieser Mensch?

Uzagaruka ryari?
du-Zukunft-wirst-zurückkommen wann
Wann kommen Sie zurück?

Fragen

Das Wort -ngahe (wie viel) richtet sich nach der Klasse des Wortes, auf das es sich bezieht:

Ni amafaranga angahe?
ist 5Mz-Geld 5Mz-wie-viel
Wie viel Geld kostet das?

„Welcher, welches ...?" werden gebildet, indem man den Formen „dieser, dieses ..." -he anhängt. Für die erste Klasse verwendet man allerdings uwuhe.

Ndashaka ibirayi. – Ibihe? – Ibingibi.
ich-heute-möchte 4Mz-Kartoffel? –
4Mz-welche? – 4Mz-diese
Ich möchte Kartoffeln. – Welche? – Diese.

Uyu mwana ni umwana wawe? – Uwuhe? – Uyunguyu.
1Ez-dieses 1Ez-Kind ist 1Ez-Kind 1Ez-dein? –
1Ez-welches? – 1Ez-dieses
Ist das Ihr Kind? – Welches? – Dieses.

Für „warum?" gibt es zwei Ausdrücke, n'iki gituma? und kuki? Sie sollten immer n'iki gituma? verwenden, da kuki? oft einen negativen Unterton beinhaltet. Kuki? werden Sie trotzdem häufig hören.

N'iki gituma urakara?
warum du-heute-ärgerst?
Warum ärgern Sie sich? (Mit Unterton: „Vielleicht haben Sie einen guten Grund?").

Kuki urakara?
warum du-heute-ärgerst
Warum ärgern Sie sich? (Mit Unterton: „Es gibt doch gar keinen Grund?").

Statt n'iki gituma? hört man auch n'iki cyatumye? und n'iki gitumye?, wenn die Frage sich auf die Vergangenheit bezieht. Mit n'iki gituma? werden Sie aber immer verstanden.

Kleine Wörter

na	und
n'	und (vor Selbstlaut)
cyangwa	oder
ariko	aber
gusa	nur
cyane	viel
cyane cyane	vor allem, hauptsächlich

Urashaka ibyeri cyangwa Fanta?
du-heute-willst Bier oder Fanta
Wollen Sie Bier oder Fanta?

Ndashaka ibyeri na Fanta,
ariko sinshaka urwagwa.
ich-heute-will Bier und Fanta
aber nicht-ich-will Bananenbier
Ich möchte Bier und Fanta,
aber ich will kein Bananenbier.

Mfite abana babiri gusa.
ich-habe 2Mz-Kinder 2Mz-zwei nur
Ich habe nur zwei Kinder.

na (und) wird nicht zwischen Tätigkeitswörter gesetzt. Manchmal werden spezielle Tätigkeitswortformen benutzt, um „und" auszudrücken.

Yaje arambaza.
er-Vergangenheit-ist-gekommen er-und-mich-frage
Er ist gekommen und hat mich gefragt.

Iwanyu baraho?
bei-Euch sie-heute-leben?
Geht's Ihren Leuten daheim gut?

Baraho baragutashya.
sie-heute-leben sie-und-dich-grüßen
Es geht ihnen gut, und sie lassen Sie grüßen.

Hier steht -ra- nicht für „heute" sondern für „und".

Wenn die zweite Handlung eine Folge der ersten ist, wird häufig eine Tätigkeitswortform mit -ka- benutzt, wobei -ka- zu -ga- vor c, f, h, k, p, s, t wird.

Ikibindi kigwa hasi gikameneka.
4Ez-Topf es(4Ez)-fällt runter es(4Ez)-und-zerbricht
Der Topf fällt herunter und zerbricht.

Zahlen

1	ri-mwe
2	ka-biri
3	ga-tatu
4	ka-ne
5	ga-tanu
6	ga-tandatu
7	ka-rindwi
8	munani
9	icyenda
10	icumi
20	makumyabiri
30	mirongo itatu
40	mirongo ine
50	mirongo itanu
60	mirongo itandatu
70	mirongo irindwi
80	mirongo inani
90	mirongo icyenda
100	ijana
200	magana abiri
300	magana atatu
400	magana ane
500	magana atanu
600	magana atandatu
700	magana arindwi
800	magana inani
900	magana urwenda
1000	igihumbi

1000	**igihumbi**
2000	**ibihumbi bibiri**
3000	**ibihumbi bitatu**
4000	**ibihumbi bine**
5000	**ibihumbi bitanu**
6000	**ibihumbi bitandatu**
7000	**ibihumbi birindwi**
8000	**ibihumbi munani**
9000	**ibihumbi cyenda**
10.000	**ibihumbi cumi**
100.000	**ibihumbi ijana**
1.000.000	**miriyoni imwe**
1.000.000.000	**miriyardi imwe**

Alle anderen Zahlen werden durch na (und) oder n' (vor einem Selbstlaut) verbunden:

19	**cumi n' icyenda**
26	**makumyabiri na gatandatu**
54	**mirongo itanu na kane**
101	**ijana na rimwe**
110	**ijana na cumi**
237	**magana abiri na mirongo itatu na karindwi**
7 777	**ibihumbi birindwi na magana arindwi na mirongo irindwi na karindwi**

Bruchzahlen

Nur igice (½) ist gebräuchlich.

Zahlwörter

Die Zahlen 1 bis 7 sind Fürwörter, das heißt, dass sie, wenn sie zum Zählen von Gegenständen verwendet werden, anstatt der Vorsilbe ri, ka- oder ga- die Vorsilbe des Fürworts der Klasse des gezählten Gegenstands annehmen.

umwana u-mwe	ein Kind
abana ba-biri	zwei Kinder
ikiro ki-mwe	ein Kilo
ibiro bi-tandatu	sechs Kilo
urushinge ru-mwe	eine Spritze
ifaranga ri-mwe	ein Franken
amafaranga a-rindwi	sieben Franken
inka i-mwe	eine Kuh

Die Zahlen 8, 9 und 10 sind unveränderlich.

abana munani	acht Kinder
ibiro munani	acht Kilo (aber auch acht Büros!)

Für die 3. und die 6. Klasse muss man eine Spezialform der Zahlen 2 bis 7 verwenden:

ebyiri	2	**eshanu**	5
eshatu	3	**esheshatu**	6
enye	4	**indwi**	7

inshinge esheshatu	sechs Spritzen
inka ebyiri	zwei Kühe

Die Zahlen miriyoni und miriyardi gehören auch zur 3. Klasse.

2 Millionen	**miriyoni ebyiri**
3 Milliarden	**miriyardi eshatu**

Bei größeren Zahlen richten sich die 1 bis 7 am Ende der Zahl nach der Klasse des gezählten Gegenstandes. Bei einer Aufzählung verwendet man die unveränderten Zahlen:

abana cumi na ba-biri	zwölf Kinder
ibiti mirongo itatu na bi-rindwi	37 Bäume
inka ijana na mirongo ine n'eshatu	143 Kühe

Ordnungszahlen

Sie lassen sich ganz einfach bilden durch: Hauptwort + von + Zahl in unveränderter Form. Ausnahme: „erste" heißt mbere anstatt rimwe, „letzte" heißt nyuma.

umwana wa mbere	das erste Kind
umwana wa kabiri	das zweite Kind
igitabo cya mbere	das erste Buch
igitabo cya kabiri	das zweite Buch
inka ya gatatu	die dritte Kuh
umwaka wa makumyabiri na munani	das 28. Jahr

Auf die Frage Waje kangahe hano? *„Wie oft waren Sie schon hier?" können Sie z. B. antworten:* **rimwe, kabiri, gatatu ...** eins, zwei, drei ...

Dies bedeutet auch einmal, zweimal, dreimal ...

Zeitangaben

Uhrzeit

Da Ruanda fast auf dem Äquator liegt, geht die Sonne morgens um 6 Uhr auf und abends um 6 Uhr unter. Man steht bei Sonnenaufgang auf, zählt um 7 Uhr die erste Stunde, um 8 Uhr die zweite Stunde und so weiter, bis es dunkel wird. Dann zählt man um 7 Uhr abends die erste, um 8 Uhr die zweite Stunde der Nacht usw. alles in einem Mischmasch aus Kisuaheli, der wichtigsten Verkehrssprache Ostafrikas, und Kinyarwanda. Die Minuten zählt man aber wieder auf Kinyarwanda.

Das Wort für Stunde ist isaha. In Fragen nach der Uhrzeit verwendet man aber das Wort sa (sah gesprochen).

Wenn Sie betonen wollen, dass die „Nachtstunden" gemeint sind, fügen Sie ninjoro hinzu.

Ni sa ngahe?
es-ist Stunde (5Ez)wie viel
Wie spät ist es?

Ni samoya.
es-ist Stunde -1(Kisuaheli)
Es ist sieben Uhr (die 1. Stunde).

Ni sambiri.
es-ist Stunde -2(Kisuaheli)
Es ist acht Uhr (die 2. Stunde).

Ni satatu.
es-ist Stunde -3 (Kisuaheli)
Es ist neun Uhr (die 3. Stunde).

Ni sayine.
es-ist Stunde -4 (Kinyarwanda)
Es ist zehn Uhr (die 4. Stunde).

Ni satanu.
es-ist Stunde -5(Kisuaheli)
Es ist elf Uhr (die 5. Stunde).

Ni sasita.
es-ist Stunde -6 (Kisuaheli)
Es ist zwölf Uhr (die 6. Stunde).

Ni sasaba.
es-ist Stunde -7(Kisuaheli)
Es ist ein Uhr (die 7. Stunde).

Ni samunani.
es-ist Stunde -8(Kinyarwanda)
Es ist zwei Uhr (die 8. Stunde).

Ni sacyenda.
es-ist Stunde -9 (Kinyarwanda)
Es ist drei Uhr (die 9. Stunde).

Ni sakumi.
es-ist Stunde -10 (Kisuaheli)
Es ist vier Uhr (die 10. Stunde).

Ni sakumi n'imwe.
es-ist Stunde -10(Kisuaheli) und 1(Kinyarwanda)
Es ist fünf Uhr (die 11. Stunde).

Ni sakumi n'ebyiri.
es-ist Stunde-10 (Kisuaheli) und 2 (Kinyarwanda)
Es ist sechs Uhr (die 12. Stunde).

Bei minütlichen Angaben erhalten die Zahlen 2 bis 7 die Vorsilbe i-, weil das Wort Minute mit mi- anfängt und für Kinyarwanda Sprechende als ein Wort der Klasse 2Mz gilt.

Ni sambiri na mirongo ine n'itanu nijoro.
es-ist Stunde -zwei (Kisuaheli) und Vierzig und 2Mz-fünf nachts
Es ist 20.45 Uhr.

Ni sacyenda na cumi.
es-ist Stunde -neun (Kinyarwanda) und zehn
Es ist 9.10 Uhr.

Solch genaue Stundenangaben werden Sie nur selten zu hören bekommen. Wohl aber die vollen und die halben Stunden.

Ni samoya na mirongo itatu n'irindwi.
es-ist Stunde-ein (Kisuaheli) und dreißig und 2Mz-sieben
Es ist 7.37 Uhr.

Nzaza samunani n'igice.
ich-Zukunft-werde-kommen Stunde-acht(Kinyarwanda) und halb
Ich werde um halb-drei kommen.

Wochentage

icyumweru *die Woche*	Sonntag

Die anderen Tage bilden Sie mit dem Wort uwa, das von umunsi (Tag) und den Ordnungszahlen abgeleitet wurde.

uwa mbere *der(Tag) Erste*	Montag
uwa kabiri *der(Tag) Zweite*	Dienstag
uwa gatatu *der(Tag) Dritte*	Mittwoch
uwa kane *der(Tag) Vierte*	Donnerstag
uwa gatanu *der(Tag) Fünfte*	Freitag
uwa gatandatu / uwa nyuma *der(Tag) Sechste / der(Tag) Letzte*	Samstag

Wollen Sie sagen, dass etwas an einem bestimmten Tag stattfindet oder stattgefunden hat, dann setzen Sie ku (auf, in) vor den Tagesnamen. Ku verschmilzt mit uwa zu kuwa. Also:

Ku cyumweru, kuwa mbere, kuwa kabiri ...
Am Sonntag, am Montag, am Dienstag ...

Monate

Es gibt zwei Arten, die Monate zu bezeichnen: Meistens werden sie mit dem Wort ukwezi (Mond, Monat) gebildet und einfach durchgezählt. Wollen Sie sagen, dass etwas in einem ganz bestimmten Monat stattfindet oder stattgefunden hat, dann setzen Sie mu (in) vor den Monatsnamen:

Ukwezi kwa mbere	Januar
Ukwezi kwa kabiri	Februar
Ukwezi kwa gatatu	März
Ukwezi kwa kane	April
Ukwezi kwa gatanu	Mai
Ukwezi kwa gatandatu	Juni
Ukwezi kwa karindwi	Juli
Ukwezi kwa munani	August
Ukwezi kwa cyenda	September
Ukwezi kwa cumi	Oktober
Ukwezi kwa cumi na kumwe	November
Ukwezi kwa cumi na kabiri	Dezember

Diese Form wird häufig abgekürzt, indem man statt ukwezi kwa nur ukwa sagt:

Ukwa mbere, ukwa kabiri
Januar, Februar

Mu kwezi kwa mbere, mu kwezi kwa kabiri ...
Im Januar, im Februar ...

oder:
mukwa mbere, mukwa kabiri ...
Im Januar, im Februar ...

In Kalendern steht meist eine veraltete Form des Kinyarwanda, die sonst nur selten verwendet wird.

mutarama	Januar
gashyantare	Februar
werurwe	März
mata	April
gicurasi	Mai
kamena	Juni
nyakanga	Juli
kanama	August
nzeri	September
ukwakira	Oktober
ugushyingo	November
ukuboza	Dezember

Rinder sind in der Landwirtschaft Ruandas von großer Bedeutung

Die Jahreszeiten

Es gibt in Ruanda:

itumba	eine lange Regenzeit (ca. Mitte Januar bis Mitte Juni)
impeshyi	eine lange Trockenzeit (ca. Mitte Juni bis Ende September)
umuhindo	eine kurze Regenzeit (ca. Ende September bis Mitte Dezember)
urugaryi	eine kurze Trockenzeit (ca. Mitte Dezember bis Ende Januar)

Wichtige Zeitbegriffe

uyu munsi	heute
uyu munsi nijoro	heute Nacht
uyu munsi mugitondo	heute Morgen
uyu munsi nimugoroba	heute Abend
uyu munsi nyuma ya sasita	heute Nachmittag / heute nach 12 *dieser Tag nach von Uhr-6*
sasita	Mittag
nijoro sasita	Mitternacht
ejo	morgen, gestern
ejo bundi	übermorgen, vorgestern
ejo nimugoroba	morgen Abend, gestern Abend

ejo mugitondo	morgen früh, gestern früh
mu cyumweru gishize	letzte Woche
mu cyumweru gitaha	nächste Woche
mu kwezi gushize	letzten Monat
mu kwezi gutaha	nächsten Monat
mu mwaka ushize	letztes Jahr
mu mwaka utaha	nächstes Jahr
kare	früh
nonaha, aka kanya, ubungubu	jetzt
kangahe ?	wie oft?
iteka	immer
ntabwo	nie
rimwe	einmal

Für „spät" gibt es eigentlich kein Wort im Kinyarwanda. Es gibt aber die Tätigkeitswörter gukererwa (-kererewe) „zu spät sein" und gutinda (-tinze) „spät sein":

Nakererewe.	**Bitinze.**
ich-Vergangenheit-bin-zu-spät	*es(4Mz)-ist-spät*
Ich bin zu spät.	Es ist spät.

Das Wort für „gestern" und für „morgen" ist identisch: ejo.

Das Wort für „übermorgen" und für „vorgestern" ejo bundi bedeutet eigentlich „das andere Morgen" bzw. „das andere Gestern" und ist ein sehr viel weiterer Begriff als im Deutschen. Es ist ratsam, bei Absprachen noch einmal genau nachzufragen.

Ejo bundi, ryari?
gestern/morgen andere wann
Vorgestern/übermorgen, wann?

Dann kann die Antwort lauten:

Ejo bundi, mu minsi itatu ishize.
vorgestern, in Tage drei sie-sind-beendet
Vorgestern, vor drei Tagen.

oder:

Ejo bundi, mu minsi itatu izaza.
vorgestern, in Tage drei sie-werden-kommen
Übermorgen, in drei Tagen.

nyogokuru (Oma)

guherekeza (Begleiten nach einem Besuch), nahe Kibuye

Kurz-Knigge

Seien Sie bitte immer höflich und geduldig. Der **Lebensrhythmus** in Ruanda ist anders als in Europa, denn man nimmt sich gerne ausreichend Zeit.

In Ruanda gilt es als Schwäche, überschwängliche **Gefühle** zu zeigen. Das gilt besonders für Wut und Traurigkeit.

Sie werden selten erleben, dass Ruander jemanden in der Öffentlichkeit beschimpfen oder weinen. Falls Sie mit jemandem Schwierigkeiten bekommen sollten, versuchen Sie auf jeden Fall, unter vier Augen mit ihm zu reden.

Ruander legen, wenn Sie es sich finanziell leisten können, großen Wert auf ordentliche **Kleidung.** Kurze Hosen tragen nur Kinder. Sie genießen zwar als Europäer ein erhebliches Maß an „Narrenfreiheit", aber Sie verlieren an Respekt, wenn Sie als erwachsener Mann keine langen Hosen tragen. Frauen können sowohl Hosen als Röcke tragen, aber bitte nicht zu kurze.

Laufen Sie nie mit nacktem Oberkörper herum und baden Sie auch nicht nackt!

In Ruanda werden Sie selten einen Mann mit einer Frau **Hand in Hand** gehen sehen. Es ist dagegen ganz normal, wenn zwei Männer oder zwei Frauen Hand in Hand gehen.

Sie sollten sich auch nicht wundern, wenn ein Bekannter Sie auf der Straße an der Hand führt. Küssen in der Öffentlichkeit gilt als verpönt!

Fotografieren Wenn Sie jemanden fotografieren möchten, sollten Sie vorher fragen, ob Sie es dürfen.

Ethnie Fragen Sie nie nach der Ethnie eines Ruanders, wenn Sie ihn nicht sehr gut kennen!

Glauben Respektieren Sie den Glauben der Ruander! Sie sind mehrheitlich katholische Christen. Nahezu jeder glaubt an Imana, an Gott. Nicht zu glauben ist für die meisten Ruander unvorstellbar.

Armut Stellen Sie ihre „Reichtümer" nicht zur Schau! Die Ruander sind arm, und die Versuchung, etwas bei den immer reichen Europäern zu „holen", ist groß. In der Stadt wird am meisten gestohlen, im Busch kaum. Tragen Sie Ihr Geld in einem Bauch- oder Brustbeutel. Lassen Sie niemals Wertsachen im Auto liegen, auch nicht für sehr kurze Zeit!

imodoka (Auto)

Begrüßen & Verabschieden

Begrüßungen spielen eine große Rolle in Ruanda, besonders auf dem Land wird man häufig von Menschen begrüßt, die man nicht kennt. Eine freundliche, korrekte Begrüßung kann viele Türen öffnen.

Jemanden, den man nicht kennt oder seit mehreren Tagen nicht mehr gesehen hat, begrüßt man mit einer „Umarmung“: Man legt die linke Hand auf die rechte Schulter und die rechte Hand auf die linke Hüfte des Gegenübers, dabei drückt man sich mehr oder weniger, erst mit dem Kopf jeweils links voneinander, anschließend mit dem Kopf rechts voneinander. Dazu sagt der/die Ältere oder der/die sozial höher Stehende:

Muraho! (etwa: „Sie leben!“)

Die Antwort lautet ebenfalls: **Muraho!**
oder: **Muraho nawe!**

Anschließend lässt man Schulter und Hüfte los, fasst die Hände des Gegenüber mit beiden Händen, wobei der/die Ältere oder der/die sozial höher Stehende sagt:

Amakuru iki?
Nachricht wie
Wie geht's?

Mit einem Smartphone können Sie sich die mit einem gekennzeichneten Sätze dieses Kapitels anhören. Scannen Sie einfach den QR-Code mit Hilfe einer kostenlosen App (z. B. „Barcoo" oder „Scanlife").

An die Begrüßung wird sich fast immer die verwunderte Frage nach Ihren Sprachkenntnissen anschließen. Es ist ja überhaupt nicht selbstverständlich, dass ein Europäer Kinyarwanda spricht.

Oft sagt man nur: **Amakuru?**

Die Antwort lautet immer, auch wenn man schlechte Nachrichten bringt:

Amakuru ni meza!
Nachrichten sind 5Mz-gut
Die Nachrichten sind gut!

oder:
Ni meza!
sind 5Mz-gut
Sie sind gut!

bzw. noch kürzer:
Meza!
gut
Gut!

Christen sagen statt Amakuru iki? häufig:

Yezu akuzwe!
Jesus er-gelobt-sei!
Jesus sei gelobt!

Die Antwort:
Iteka!
Immer!

Vor allem junge Leute verwenden manchmal die Kisuaheli-Formel:

Habari gani?
(*Welche Nachrichten?*)
oder einfach: **Habari?**

Antwort:
Muzuri! (Gut!)

Es gibt noch einige andere, weniger gebräuchliche Begrüßungsformeln. Nicht selten werden auch zwei Formeln nacheinander gesagt. Anschließend wird das Muraho wiederholt. Dabei hält man sich die ganze Zeit bei den Händen.

Begrüßt man jemanden, den man kennt und fast täglich sieht, sagt man bis etwa 11 Uhr morgens:

Waramutse!
Guten Morgen!

Man antwortet:
Waramutse! bzw. **Waramutseho!**

Nach 11 Uhr sagt man:
Wiriwe!

Die Antwort lautet:
Wiriwe! bzw. **Wiriweho!**

In der Stadt, z. B. auf einer Behörde oder in der Bank, verläuft die Begrüßung etwas lascher: z. B. Muraho, *mit oder ohne Händedruck und ein lasches* Amakuru? Meza!.

Wenn man jemanden niesen hört, sagt man:

Urakire!
du-heilen-magst!
Mögen Sie gesund werden!

Die Antwortet darauf:

Twese!
wir-beide!
Mögen wir beide gesund werden!

Wird man gerufen, antwortet man:

Karame!
langes-leben (Kurz für: magst Du lange leben!)
Hier bin ich!

Verabschieden

Geht man davon aus, sich am gleichen Tag noch einmal wiederzusehen, sagt man bei der Verabschiedung:

Wirirwe! bzw. **Wirirweho!**

Am Abend, wenn man annimmt, sich am nächsten Tag wieder zu sehen, sagt man :

Uramuke! bzw. **Uramukeho!** oder noch **Uraramuke!** bzw. **Uraramukeho!**

Bei einem längeren Abschied sagt man:

Murabeho!
Auf Wiedersehen!

Eventuell kann man hinzufügen:

Naho ejo!
bis morgen
Bis morgen!

Urugendo rwiza!
Reise 6Ez-Gut
Gute Reise!

Tuzabonana ejo!
wir-werden-sehen-einander morgen
Wir sehen uns morgen!

Bitten, Danken, Wünschen

Wenn man jemandem etwas überreicht, sagt man:

Akira!
nimm
Bitte!

Das „bitte“ wie im Deutschen „Geben Sie mir, bitte“ fehlt im Kinyarwanda. Man sagt einfach:

Ndashaka ...
ich-heute-möchte ...
Ich möchte ...

Ntiza ...!
mich-leihe ...
Reiche mir ...! / Leihe mir ...!

Ngomba ...
ich-brauche ...
Ich brauche ...

Mit einem Smartphone können Sie sich die mit einem gekennzeichneten Sätze dieses Kapitels anhören.

Wenn man jemandem für etwas dankt, sagt man:

Murakoze!
Sie-haben-gearbeitet
Danke!

Ndagushimiye!
ich-heute-dich-danke
Ich danke dir!

Ndabashimiye!
ich-heute-euch-danke
Ich danke euch (bzw. ihnen).

Möchte man jemanden um Entschuldigung bitten, sagt man:

Das deutsche „Entschuldigung" wie in „Entschuldigung, können Sie mir helfen?" gibt es im Kinyarwanda nicht.

Mbabarire!
mich-vergebe
Entschuldigung!

Möchten Sie etwas fragen, können Sie sagen:

Muraho! Urashobora kumfasha?
Guten-Tag Du-heute-können
Grundform-mich-helfen
Guten Tag! Können Sie mir helfen?

Ja und nein

Yee, Yego	Ja
Sehr häufig verwendet man statt yego als Bestätigung während eines Gesprächs:	
mmm	(lang gezogenes m)
eeee	(lang gezogenes e)
Oya	Nein
Sehr häufig verwendet man statt oya oder als Verneinung während eines Gesprächs:	
m-m (zwei sehr kurze „m" nacheinander)	

Je nach Situation kann man sie übersetzen mit: „Absolut nicht!", „Hör auf!" oder „Auf keinen Fall!"

Folgende Ausdrücke sind sehr starke Verneinungen, die man oft hört:

Reka!
Reka da!
Ashwi!

Eine starke Abneigung drückt man aus mit pu. Dieses Wort steht oft am Satzende.

Genda pu!
geh puh
Mach dich ja aus dem Staub!

Sinshaka pu!
nicht-ich-will puh
Ich will es absolut nicht!

Besuch in einer Familie, die ein Straßenkind aufgenommen hat

Floskeln & Redewendungen

Vuba !	Schnell!
Buhoro !	Langsam!
Hagarara!	Halt!
Itonde!	Achtung!
Ngwino!	Komm!
Nimuze!	Kommen Sie! (Mz.)
Icara !	Setzen Sie(Ez.) sich!
Nimwicare!	Setzen Sie (Mz.) sich!
Garuka!	Komm zurück!
Sigara hano !	Bleib hier!
Hindukira !	Dreh dich um! Wende!
Subirayo!	Geh zurück!
Subiramo !	Wiederhole!
Genda !	Geh!
Kingura !	Öffne!
Kinga !	Schließe!
Birabujijwe !	Es ist verboten!
Ni ngombwa	Es ist nötig.
Buretse akanya!	Warte einen Moment!
mögest-du-bleiben Moment!	

Diese beiden Floskeln drücken Mitleid aus:

yibababawe!	Oje, wie schrecklich!
mamawe!	Oje, wie schrecklich!

Das erste Gespräch

Wie heißen Sie?	**Witwa nde?** *du-wirst-genannt wie*
Wie heißt er/sie?	**Yitwa nde?** *er/sie-wird-genannt wie*
Wie alt sind Sie?	**Ufite imyaka ingahe?** *du-hast 2Mz-Jahre 2Mz-wie-viel*
Wann sind Sie geboren?	**Wavutse ryari?** *du-wurdest-geboren wann*
Hast du Verwandte?	**Ufite abavandimwe?** *du-hast 1Mz-Verwandte*
Wo wohnen Sie?	**Batuye hehe?** *sie-wohnen wo*
Wie alt sind Sie?	**Ufite imyaka ingahe?** *du-hast 2Mz-Jahre 2Mz-wie viel*
Ich bin zweiundvierzig.	**Mfite imyaka mirongo ine n'ibiri.** *ich-habe Jahre vierzig und 2Mz-zwei*
Sind Sie verheiratet? (nur für Männer!)	**Wararongoye?** *du-Vergangenheit-verheiratet*
Sind Sie verheiratet? (nur für Frauen!)	**Warashyingiwe?** *du-Vergangenheit-verheiratet*

Mit einem Smartphone können Sie sich die mit einem gekennzeichneten Sätze dieses Kapitels anhören.

Das erste Gespräch

Ich (nur Mann) bin verheiratet.	**Nararongoye.** *ich-Vergangenheit-bin- verheiratet*
Ich (nur Mann) bin nicht verheiratet.	**Sinarongoye.** *nicht-ich-Vergangenheit-bin-verheiratet*
Ich (nur Frau) bin verheiratet.	**Narashyingiwe.** *ich-Vergangenheit-bin- verheiratet*
Ich (nur Frau) bin nicht verheiratet.	**Sinashyingiwe.** *nicht-ich-Vergangenheit-bin-verheiratet*
Haben Sie Kinder?	**Ufite abana?** *du-hast Kinder*
Wie viele Kinder haben Sie?	**Ufite abana bangahe?** *du-hast 1Mz-Kinder 1Mz-wie viel*
Ich habe drei Kinder.	**Mfite abana batatu.** *ich-habe 1Mz-Kinder 1Mz-drei.*
Einen Sohn und zwei Töchter.	**Umuhungu umwe na abakobwa babiri.** *Junge 1Ez-eins und Mädchen 1Mz-zwei.*
Was ist Ihr Beruf?	**Ukora iki?** *du-arbeitest was*
Ich bin arbeitslos, ich habe keine Arbeit.	**Ndicaye, nta kazi mfite.** *ich-heute-bin-arbeitslos kein Arbeit ich-habe*
Ich bin ...	**Ndi ...** *ich-bin*

	Einzahl	Mehrzahl
Arbeiter	**umukozi**	**abakozi**
Arzt	**umuganga**	**abaganga**
Bauer, Landwirt	**umuhinzi**	**abahinzi**
Chef	**umutware**	**abatware**
Direktor	**umukuru**	**abakuru**
Fischer	**umurobyi**	**abarobyi**
Gelehrter	**umuhanga**	**abahanga**
Hirte	**umushumba**	**abashumba**
Jäger	**umuhigi**	**abahigi**
Koch	**umutetsi**	**abatetsi**
Krankenpfleger	**umuforomo / umuvuzi**	**abaforomo / abavuzi**
Krankenschwester	**umuforomokazi / umuvuzikazi**	**abaforomokazi / abavuzikazi**
einheimischer Heiler	**umupfumu**	**abapfumu**
Lehrer	**umwarimu**	**abarimu**
Lehrerin	**umwarimukazi**	**abarimukazi**
Maurer	**umwubatsi**	**abubatsi**
Pfarrer	**umupadri**	**abapadri**
Schmied	**umucuzi**	**abacuzi**
Soldat	**umusoda**	**abasoda**
Töpfer	**umubumbyi**	**ababumbyi**
Wächter	**umunyazamu**	**abanyazamu**

Ein Pfarrer wird mit Padri! angesprochen. Der Wächter, den es fast bei jedem „reicheren“ Haus gibt, wird Zamu! gerufen.

Namen

Ruander haben meistens zwei Namen: einen Namen im Kinyarwanda und einen Taufnamen, der dem europäischen Vornamen entspricht.

Seinen Namen im Kinyarwanda erhält ein Kind etwa eine Woche nach der Geburt von den Verwandten zugewiesen. Er hat meistens etwas mit den Umständen der Geburt, oder der Schwangerschaft zu tun, oder er enthält Wünsche für das Kind.

Mädchennamen fangen häufig mit nyira- (Mütterchen) oder muka- (Frau von), Männernamen oft mit se- oder s- (Väterchen) an.

Mukarugendo *Frau-der-Reise*
für ein Mädchen, das während einer Reise geboren wurde.

Sebazungu *Väterchen-der-Weißen*
wenn zum Beispiel ein europäischer Arzt die Mutter entbunden hat.

Uwamahoro *die-vom-Frieden*

Rugamba *Krieg*

Mukuru *der Große* (Erstgeborener)
und **Mutoya:** *der Kleine*
Damit hält man Zwillinge auseinander.

Viele Namen im Kinyarwanda enthalten den Namen Gottes: Imana, auf Kisuaheli Mungu, oder auch die Namen Mariya (Maria) und Yesu (Jesus).

Bizimana *Gott-weiß-es*
Twambazemungu *wir-haben-Gott-gebeten* (um dieses Kind)
Iyakaremye *er (Gott)-hat-erschaffen*
Uwamariya *die-von-Maria*

Man trägt also nicht den Namen seines Vaters, wie in den meisten westlichen Ländern. Ich kann z. B. Karori Mukene (Karl der Arme), mein Vater Yosefu Rukwavu (Josef Kaninchen) und mein Opa Sipiriani Rugamba (Cyprien Krieg) heißen. Deswegen wird bei Behörden nach dem Namen des Vaters, der Mutter und der Großeltern gefragt!

Eine Frau behält nach der Hochzeit ihren eigenen Namen; sie nimmt nicht den Namen ihres Mannes an.

Obsthändlerin in Kigali

Unterwegs zu Fuß, Bus, Taxi, Auto

In Ruanda geht man meistens zu Fuß: ku maguru (auf Beine). Es gibt aber auch noch die nachfolgenden Transportmittel:

Die Busse sind am billigsten, fahren aber nicht so häufig und sind langsamer als Taxis.

Auto	**imodoka**
Lastwagen	**kamyo**
Bus	**bisi** *auch:* **basi**
Taxi	**taksi (tagisi)**

Offiziell schreibt man tagisi, *da es die Kombination* ks *im Kinyarwanda eigentlich nicht gibt, aber gesprochen hört man immer* taksi.

Die Taxis tagisi sind Minibusse. Sie verbinden alle größeren Orte und Ortsteile kostengünstig miteinander. Bezahlt wird nicht beim Fahrer, sondern eine Art Schaffner sammelt das Fahrgeld ein. In Kigali haben die Taxis einen gelben Streifen aufgemalt mit der Strecke, die sie fahren.

Die tagisi ekespres der Firma „Volcano“, „Okapi“, „Virunga“ usw. fahren ohne Zwischenstopps ihr Ziel an. Sie sind größer als die normalen Taxis, eher kleine Busse. Sie verbinden die Städte nach einem festen Fahrplan, sie fahren auch wenn sie nicht voll sind, und sie sind sehr pünktlich. Man kauft im Büro der Firma im Voraus ein Ticket für eine bestimmte Abfahrtszeit. Abgefahren wird am Bus- und Taxibahnhof (gare), in jeder Stadt.

Tipp: Kaufen Sie zwei Tickets, wenn Sie viel Gepäck haben, eins für Sie und eins fürs Gepäck.

In Kigali gibt es zwei „Bahnhöfe“, den gare yo mu mugi (in der Nähe des Zentralgefängnisses), wo die Taxis abfahren, die die verschiedenen Stadtteile Kigalis miteinander verbinden, und den gare ya Nyabugogo für Ziele außerhalb Kigalis. Sie können fragen, wann das Taxi abfährt:

Uragenda lyali?
du-heute-gehst wann
Wann fahren Sie?

Die Taxis sind oft sehr voll. Dann erfolgt die Aufforderung:

Mwitendeke!
ihr-zusammenrutschen-Befehlsform
Rutscht enger zusammen!

Achtung! Viele Städtenamen wurden in den letzten Jahren geändert. Die alten Namen werden aber noch sehr oft verwendet.

alt	neu
Butare	Huye
Byumba	Gicumbi
Cyangugu	Rusizi
Gikongoro	Nyamagabe
Gisenyi	Rubavu
Gitarama	Muhanga
Kibungo	Ngoma
Kibuye	Karongi
Ruhengeri	Musanze

Unterwegs zu Fuß, Bus, Taxi, Auto

Um das richtige Taxi oder den richtigen Bus zu finden, muss man sich durchfragen:

Am schnellsten kommt man in Ruanda mit einem eigenen, gemieteten oder geliehenen Auto vorwärts.

Tagisi ya Kibungo ili hehe?
Taxi von Kibungo 5.3Ez-ist wo
Wo ist das Taxi nach Kibungo?

Bisi ya Butare ili hehe?
Bus von Butare 5.3Ez-ist wo
Wo ist der Bus nach Butare?

Autostopp macht man, indem man sich an den Straßenrand stellt und den Arm schräg nach unten hält, die geöffnete Handfläche in einer bittenden Haltung schräg nach oben.

Kujya i Butare n'amafaranga angahe?
Gehen nach Butare ist Geld 5Mz-wieviel
Wieviel kostet es nach Butare?

Nehmen Sie z.B. den Bus vom gare yo mu mugi in Kigali in Richtung Kicukiro, aber mit dem Ziel, unterwegs in Remera auszusteigen, dann sagen Sie:

Kicukiro ku Remera!
Kicukiro auf Remera

Das Kinyarwanda kennt zwei Wörter für „Weg": einen kleineren Weg nennt man inzira, *einen größeren* umuhanda.

Turashaka gukodesha imodoka.
Wir-heute-möchten Grundform-mieten Auto
Wir möchten ein Auto mieten.

Nur im Zentrum der Städte findet man Straßennahmen wie in Deutschland. In Kigali sind die Straßen nummeriert mit einer Kombination aus Buchstaben und Zahlen, und die Häuser haben eine Nummer, z. B. KG 670 Nr. 31. Wollen Sie sonst erfahren, wo jemand wohnt, brauchen Sie den Namen seiner Gemeinde (ikomini), seines Hügels (umusozi) und des Hügelabschnitts (akarenge).

Wenn Sie sich im Busch nach dem Weg erkundigen, ist es ratsam, nach Zielen zu fragen, die nicht zu weit weg sind (nicht weiter als ca. 15 km), sonst wird die Information unzuverlässig.

Sie können auch nach der Pfarrei (iparuwasi) *fragen.*

Utuye he?
du-wohnst wo
Wo wohnst du?

Akarere kawe ni gahe?
7Ez-Gemeinde 7Ez-deine ist 7Ez-welche?
Aus welcher Gemeinde sind Sie?

Umusozi wawe ni wuhe?
2Ez-Hügel 2Ez-deine ist 2Ez-welcher
Von welchem Hügel sind Sie?

Iparuwasi yawe ni yihe?
5.3Ez-Pfarrei 5.3Ez-deine ist 5.3Ez-welche
Aus welcher Pfarrei sind Sie?

Akarenge kawe kitwa gate?
7Ez-kleine-Hügel 7Ez-deine es(7Ez)-heißt 7Ez-wie
Von welchem kleinen Hügel sind Sie?

Ndangira inzira ijya i Butare.
mir-gib-Auskunft-Befehl 3Ez-Weg es(3Ez)-geht nach Butare
Sagen Sie mir den Weg nach Butare.

Ndashaka kujya i Cyangugu.
ich-heute-möchte Grundform-gehen nach Cyangugu
Ich möchte nach Cyangugu gehen.

Iyi nzira ijyana he?
3Ez-diese 3Ez-Weg es(3Ez)-führt wo
Wohin führt dieser Weg?

Uyu muhanda ujyana he?
2Ez-diese 2Ez-Weg es(2Ez)-führt wo
Wohin führt dieser Weg?

Ugiye he?
du-gehst wo
Wohin gehen Sie?

Urajya he?
du-heute-gehst wo
Wohin gehen Sie?

Ngiye ku Gisagara.
ich-gehe auf Gisagara
Ich gehe nach Gisagara.

Ndajya ku Gisagara.
ich gehe-heute-auf G.
Ich gehe nach G.

Uvuye he?
du-kommst wo
Woher kommen Sie?

Mvuye i Buganda.
ich-komme aus Uganda
Ich komme aus Uganda.

Vor einer Abzweigung ist es ratsam, zu fragen:

Inzira ijyana i Ruhengeri ni iyihe?
3Ez-Weg es(3Ez)-führt nach Ruhengeri ist 3Ez-welche
Welcher Weg führt nach Ruhengeri?

Umuhanda ujyana i Ruhengeri ni uwuhe?
2Ez-Weg es(2Ez)-führt nach Ruhengeri ist 2Ez-welche
Welcher Weg führt nach Ruhengeri?

Uyu musozi witwa ute?
2Ez-diese Hügel es(2Ez)-heißt 2Ez-wie
Wie heißt dieser Hügel?

Iyi paruwasi yitwa ite?
5.3Ez-diese Pfarrei es(5.3Ez)-heißt 5.3Ez-wie
Wie heißt diese Pfarrei?

Aka karere kitwa gate?
7Ez-diese Gemeinde es(7Ez)-heißt 7Ez-wie?
Wie heißt diese Gemeinde?

Aha hantu hitwa hate?
10Ez-dieser Ort es(10Ez)-heißt 10Ez-wie
Wie heißt dieser Ort?

Ni kure?
ist weit
Ist es weit?

Ni hafi?
ist nahe
Ist es nahe?

Ni birometero bingahe?
ist 4Mz-Kilometer 4Mz-wie viel
Wie viele Kilometer sind es?

Ni birometero bine.
ist 4Mz-Kilometer 4Mz-vier
Es sind vier Kilometer.

Richtungsangaben, Orientierungspunkte

komeza	geradeaus
Subirayo!	Fahre zurück!
Kata ... !	Biege ab nach ... !
iburyo	rechts
ibumoso	links
haruguru	nach oben
hepfo	nach unten

Unterwegs mit dem Auto

inzira, umuhanda	Weg
umusozi	Hügel
umurenge, akarenge	Hügelabschnitt
isoko *(mittleres* o *kurz!)*	Markt
isoko *(mittleres* o *lang!)*	Quelle
ishyamba	Wald
igishanga	Sumpf
umubande	Tal
umugezi	Fluss
iteme, ikiraro	Brücke

Tankstellen gibt es nur in den Städten und an den Hauptstraßen. Sie haben auch nicht immer Benzin (risansi) *bzw. Diesel* (mazut)*. Im Busch kann man manchmal kanisterweise Benzin bzw. Diesel kaufen.*

Ufite mazut?
du-hast Diesel
Haben Sie Diesel?

Ndashaka ritero eshanu za risansi.
ich-heute-möchte 3Mz-Liter 3Mz-fünf 3Mz-von 5Ez-Benzin
Ich möchte fünf Liter Benzin.

An der Tankstelle

Ndashaka risansi ry' amafaranga ibihumbi bitanu.
ich-heute-möchte 5.5Ez-Benzin 5.5Ez-von 5Mz-Geld 4Mz-tausend 4Mz-fünf
Ich möchte für 5000 Ruanda-Franc Benzin.

Uzuza!
mach-voll
Bitte voll tanken!

Ushobora kumfasha?
du-können Grundform-mir-helfen
Können Sie mir helfen?

Imodoka yanjye yapfuye.
5.3Ez-Auto 5.3Ez-mein es(5.3)-ist-tot
Mein Auto ist defekt.

Ushobora gukora imodoka?
du-kannst Grundform-arbeiten Auto
Können Sie das Auto reparieren?

Risansi rishizemo.
5.5.Ez-Benzin es(5.5Ez)-ist-zu-Ende-in
Das Benzin ist zu Ende.

Nshobora kugura risansi hehe?
ich-kann Grundform-kaufen 5.5Ez-Benzin wo
Wo kann ich Benzin kaufen?

Umupira uratobotse.
2Ez-Reifen es(2Ez)-heute-geplatzt
Der Reifen ist geplatzt.

Bahoma imipira hehe?
sie-flicken 2Mz-reifen wo
Wo kann man Reifen flicken lassen?

Imodoka yasaye.
5.3Ez-Auto es(5.3Ez)-steckt-fest-im-Schlamm
Das Auto steckt im Schlamm fest.

Mfasha kuyisayura!
mir-helfe-Befehl
Grundform-es(5.3Ez)-aus-dem-Schlamm-holen
Helfen Sie mir, es frei zu bekommen!

Nimusunike!
Befehl-Ihr-drücken-Befehl
Schieben Sie (Mz.)!

mazut	Diesel
risansi	Benzin
umupira	Reifen
amavuta	Öl
amazi	Wasser
umukungugu	Staub
isayo	Schlamm
ubutaka	Erde
umwobo	Schlagloch

Fahrzeugkontrolle unterwegs

Falls Sie durch die Polizei angehalten werden bleiben Sie immer freundlich und geduldig!

Viele Polizisten sprechen nur Kinyarwanda. Wenn man sie freundlich begrüßt mit einem Muraho! Amakuru? „Guten Tag! Wie geht's?", verläuft die weitere Kontrolle meistens in einer sehr guten Atmosphäre. Die häufigsten Fragen betreffen das „Woher und Wohin":

Uvuye hehe?	**Mvuye i Kigali.**
du-kommst wo	*ich-komme aus Kigali*
Woher kommen Sie?	Ich komme aus Kigali.

Urajya hehe?
du-heute-gehst wo?
Wohin fahren Sie?

Ndajya i Butare.
ich-heute-gehe nach Butare.
Ich fahre nach Butare.

Es ist gut, beim Antworten gleich den Zweck der Reise hinzuzufügen.

Ndashaka gusura incuti.
Ich-heute-möchte besuchen Freunde
Ich möchte Freunde besuchen.

Manchmal werden die Papiere verlangt.

Zana icyangombwa!
bringe-Befehl Ausweise
Zeigen Sie Ihren Ausweis!

Es gibt auch Geschwindigkeitskontrollen in Ruanda. Die Bußgelder für zu schnelles Fahren sind drakonisch!

Zana impapuro (z'imodoka).
bringe-Befehl Papiere (von Auto)
Zeigen Sie die (Auto-)Papiere.

Manchmal wird das Gepäck kontrolliert:

Fungura!
öffne-Befehl
Öffnen Sie!

Kingura!
öffne-Befehl
Öffnen Sie!

Ufite iki mu uyu mufuka?
du-hast was in 2Ez-dieser 2Ez-Tüte
Was haben Sie in dieser Tüte?

Ufite iki mu iyi sanduku?
du-hast was in 5.3Ez-diesem 5.3EZ-Koffer
Was haben Sie in diesem Koffer?

Nyereka!
zeige-Befehl
Zeigen Sie!

Turebe!
wir-schauen-Befehl
Lassen Sie uns kontrollieren!

Manchmal wird auch gefragt nach:

Einzahl	Mehrzahl	
intwaro	**intwaro**	Waffe
imbunda	**imbunda**	Gewehr
isasu	**amasasu**	Kugel
igisasu	**ibisasu**	Granate/Mine/Bombe

Übernachten

In den städtischen Hotels spricht man Französisch und Englisch. In Kigali gibt es viele Hotels der verschiedenen Preisklassen, in den kleineren Städten des Landes meistens auch ein oder mehrere Hotels. Einige bieten nur ein Zimmer ohne Mahlzeiten an.

Es ist empfehlenswert, sich in den einfacheren Hotels vorher nach dem Preis zu erkundigen. Wenn er zu hoch erscheint, kann man versuchen, ihn herunterzuhandeln.

In einfacheren Hotels verlangt man oft eine Vorauszahlung. Viele Ordensgemeinschaften bieten auch gute und billige Gästezimmer an.

Außerhalb der Städte gibt es in Ruanda so gut wie keine Hotels. Es ist auch nicht üblich, bei Einheimischen zu übernachten, wenn es keine sehr guten Freunde sind. Denn auch diese werden versuchen, eine andere Unterkunft für sie zu finden, weil sie Ihnen ihre oft sehr einfache Wohnung nicht zumuten wollen oder weil sie einfach keinen Platz haben.

Wenn Sie außerhalb der Stadt, z.B. wegen einer Autopanne, Unterkunft suchen, wenden Sie sich am besten an die (meistens katholischen) Missionsstationen. Diese haben oft Gästezimmer, oder sie werden Ihnen zumindest weiterhelfen, indem man Ihnen sagt, wo Sie übernachten können. Wenn keine Missionare oder Ordensschwestern vor Ort sind, kann man sich auch beim Bürgermeister nach Übernachtungsmöglichkeiten erkundigen. Manchmal gibt es auch Europäer am Ort, die einem helfen können.

Wenn es keinen festen Preis gibt, sollten sie spätestens bei der Abreise einen angemessenen Betrag für die entstandenen Unkosten entrichten.

Auf den Missionsstationen spricht man meistens Französisch, manchmal auch Englisch.

Hoteri Amahoro iri hehe?
5Ez-Hotel Frieden es(5Ez)-ist wo
Wo ist das Hotel „Amahoro"?

	Einzahl	Mehrzahl
Zimmer	**icyumba**	**ibyumba**
Stuhl	**intebe**	**intebe**
Tisch	**ameza**	**ameza**
Schrank	**akabati**	**utubati**
Petroleumlampe	**itara**	**amatara**
elektrisches Licht, Taschenlampe	**isitimu**	**amasitimu**
Schlüssel	**urufunguzo**	**infunguzo**
Fenster	**idirisha**	**amadirisha**
Tür	**umuryango**	**imiryango**
Bett	**igitanda**	**ibitanda**
Decke	**ikiringiti**	**ibiringiti**
Betttuch	**ishuka**	**amashuka**
Betttuch	**igishura**	**ibishura**
Seife	**isabuni**	**amasabuni**
Wasser	**amazi**	-
Schmutz	**umwanda**	-
sich waschen	**koga**	
sich die Hände waschen	**gukaraba**	
Es ist schmutzig.	**Harasa nabi.** oder **Haranduye.**	
Es ist sauber.	**Hari isuku.**	

Ndashaka icyumba (cy'abantu babiri).
ich-heute-suche 4Ez-Zimmer 4Ez-von 1Mz-Menschen 1Mz-zwei
Ich suche ein Zimmer (für zwei Personen).

Ese ndashobora gucumbika hano?
frage ich-heute-kann Grundform-wohnen hier
Kann ich hier übernachten?

Turashaka gusigara ijoro imwe / amajoro abiri / iminsi itatu.
wir-heute-wollen bleiben 5Ez-Nacht 5Ez-eine/ 5Mz-Nächte 5Mz-zwei/ 2Mz-Tage 2Mz-drei
Wir wollen eine Nacht / zwei Nächte / drei Tage bleiben.

Ndashaka kubona icyumba.
ich-heute-will sehen 4Ez-Zimmer
Ich möchte das Zimmer sehen.

Iki cyumba ni amafaranga angahe?
4Ez-dieses 4Ez-Zimmer ist 5Mz-Geld 5Mz-wie viel
Wie viel kostet dieses Zimmer?

Ni menshi cyane, singishaka.
ist 5Mz-viel sehr, nicht-ich-es(4Ez)-will
Es ist zu teuer, ich will es nicht.

Nuko, nzasigara iminsi ibiri hano.
gut, ich-Zukunft-bleibe 2Mz-Tage 2Mz-zwei hier
Gut, ich bleibe zwei Tage hier.

Dushobora kurya hano?
wir-können essen hier
Können wir hier essen?

„Douche" rirapfuye.
Dusche(französisch) es(5.5Ez)-ist-tot
Die Dusche funktioniert nicht.

Ndashaka isabuni/isume.
ich-heute-möchte Seife/Handtuch.
Ich brauche (noch) Seife/ein Handtuch.

Hari abapadri/ababikira/abazungu hano?
es-gibt Pfarrer/Ordensschwestern/Europäer hier
Gibt es hier Pfarrer / Ordensschwestern / Europäer?

Paruwasi iri hehe?
5Ez-Pfarrei 5Ez-ist wo
Wo ist die Pfarrei?

Ababikira batuye he?
Ordensschwestern sie-wohnen wo
Wo wohnen die Ordensschwestern?

Burgumestri atuye he?
Bürgermeister er-wohnt wo
Wo wohnt der Bürgermeister?

Ndashobora gucumbika hehe?
ich-heute-kann Grundform-wohnen wo
Wo kann ich übernachten?

Einkaufen

Das wichtigste Vokabular auf einen Blick:

amafaranga		Geld
kugura	**(-guze)**	kaufen = verkaufen
gutanga	**(-tanze)**	bezahlen (= geben)
gutanga amafaranga		bezahlen
kwishyura	**(-ishyuye)**	bezahlen
isoko	**(amasoko)**	Markt
iduka	**(amaduka)**	Laden

(Amafaranga) angahe?
(5Mz-Geld) 5MZ-wie viel
Wie viel kostet es?

Ugura angahe?
du-verkaufen 5Mz-wie viel
Wie viel kostet es?

Ni menshi cyane!
es-ist 5Mz-viel sehr
Das ist zu teuer!

Birahenda cyane!
es(4Mz)-heute-übertreiben sehr
Das ist zu teuer!

Ntugomba gutanga amafaranga.
nicht-Du-muss Grundform-bezahlen Geld
Es ist umsonst.

Singura.
nicht-ich-kaufe
Ich kaufe es nicht.

Uratanga angahe?
du-heute-zahlst 5Mz-wie viel
Wie viel wollen Sie zahlen?

Urashaka kugura iki?
du-heute-willst Grundform-kaufen was
Was möchten Sie kaufen?

Ndashaka kugura ...
ich-heute-will kaufen ...
Ich möchte ... kaufen.

Ugomba gutanga (=kwishyura) amafaranga igihumbi.
du-muss Grundform-bezahlen (=bezahlen) Geld tausend
Sie müssen tausend Franken bezahlen.

Ndashaka kuvunjisha amafaranga.
ich-heute-möchte Grundform-wechseln Geld
Ich möchte Geld wechseln.

Einzahl	Mehrzahl	
ikintu	**ibintu**	Ding
umupanga	**imipanga**	Machete, Hackmesser
umugozi	**imigozi**	Schnur
umwenda	**imyenda**	Tuch, Stoff

inkono	**inkono**	Kochkessel
icyuma	**ibyuma**	Messer
itara	**amatara**	Lampe
isitimu	**amasitimu**	Taschenlampe
ibuye	**amabuye**	Batterie
igisokozo	**ibisokozo**	Kamm
urusokozo	**insokozo**	Kamm
urupapuro	**impapuro**	Papier
igitabo	**ibitabo**	Buch
ikaramu	**amakaramu**	Kugelschreiber, Bleistift
ikibiriti	**ibibiriti**	Streichhölzer
itabi	-	Tabak

Kinder in Gisagara

Essen und Trinken

In Ruanda gibt es viele Bananensorten. Jede Sorte hat einen eigenen Namen. Besonders köstlich ist die kamaramasenge *(es(7Ez)-beendet-Kauri-Munscheln)*, eine ganz kleine Banane, der Name bedeutet frei übersetzt „so gut, dass man sein ganzes Geld dafür ausgibt".

Es gibt auch sehr viele Früchte, die in Europa nicht gedeihen.

zu Besuch bei einer Familie

ibiryo Einzahl	Mehrzahl	Nahrungsmittel
ubuki	-	Honig
ikijumba	ibijumba	Süßkartoffel
ikirayi	ibirayi	Kartoffel
umuceri	-	Reis
umwumbati	imyumbati	Maniok
—	amasaka	Sorghum (Hirse)
igishyimbo	ibishyimbo	Bohne
umuteja	imiteja	grüne Bohne
ishaza	amashaza	Erbse
imboga	imboga	Gemüse
umugati	imigati	Brot
amavuta	-	Butter
umunyu	-	Salz
isukari	-	Zucker
ifu	-	Mehl
igi	amagi	Ei
ifi	amafi	Fisch
inyama		Fleisch
inyama y' inka	-	Rindfleisch
inyama y' ihene	-	Ziegenfleisch
inyama y' intama	-	Schaffleisch
inyama y' ingurube	-	Schweinefleisch
icunga	amacunga	Orange
indimu	indimu	Zitrone
igitoki	ibitoki	Bananenstaude
umuneke	imineke	Banane
amapera	-	Guave
marakuja	-	Passionsfrucht

icyo kunwa ibyo kunwa	Getränk

amazi	Wasser
amata	Milch
amashereka	Muttermilch
amahenehene	Ziegenmilch
amatamatama	Schafsmilch
igikoma	Sorghumbrei
inzoga	Bier
ikigage = amarwa	Sorghumbier
Urwagwa	Bananenbier
ibyeri	europäisches Bier

Weiter werden noch folgende nicht alkoholische westliche Getränke verkauft:

Fanta orange	Orangen-Fanta
Fanta sitron	Zitronen-Fanta
Kola	Cola
Tonik	Tonic (Erfrischungsgetränk mit Chinin)

Meistens nennt man Getränke bei ihrem Markennamen. Zwei Biersorten Ruandas heißen z. B. Primus *und* Mutzig. *(die Biersorten haben seit 2010 sehr zugenommen !)*

Diese Getränke werden alle in Ruanda oder im benachbarten Ausland hergestellt, mit einem höheren Zuckeranteil als in Europa. Oft werden sie gekühlt angeboten. Dies bezeichnet man mit dem Zusatz ikonje, wenn sie nicht gekühlt sind, mit itakonje.

Ufite Primus ikonje?
du-hast Primus-Bier es(5.3.Ez)-ist-kalt
Haben Sie gekühltes Primus?

Farben

Die Farbe „Grün" umschreiben die Banyarwanda mit „dem jungen Gras gleichen" gusa icyatsi kibisi.

umwenda usa icyatsi kibisi
2Ez-Stoff es(2Ez)-gleicht Gras jung
ein grüner Stoff

Viele Farben werden gebildet mit -a („von", siehe Grammatikteil).

Gelb	„von" + **umuhondo**
Braun	„von" + **ibihogo**
Grau	„von" + **ikijuju**

Ibintu by'umuhondo.
4Mz-Dinge von gelb
gelbe Gegenstände

Imodoka y'ikijuju.
5.3Ez-Auto von grau
ein graues Auto

Für manche Farben gibt es eine Form mit „von" zusätzlich einer Verbform:

Weiß	„von" + **igitare** oder **kwera**
Schwarz	„von" + **umukara** oder **kwirabura**
Rot	„von" + **urutuku** oder **gutukura**

ishati y'urutuku
Hemd von rot
ein rotes Hemd

amaraso atukura
5Mz-Blut es(5Mz)-ist-rot
rotes Blut

Zu Gast sein

Oft werden bei einer Einladung nur Getränke serviert, wobei die Gläser häufig wieder nachgefüllt werden, bevor sie leer werden und bis alle Flaschen leer sind. Sie sollten vermeiden, ihr Glas ganz leer zu trinken, bis Sie sich verabschieden. Manchmal werden zu den Getränken geröstete Erdnüsse gereicht, je nach Gegend ibiyobe oder ibinyoboga genannt.

Es gehört eigentlich nicht zur ruandischen Tradition, jemanden zum Essen einzuladen. Dies hängt mit Armut und Nahrungsknappheit im Land zusammen. Essen ist eher etwas, wofür man sich schämt. Manchmal versteckt man sich sogar zum Essen. Diese Gewohnheit ändert sich allmählich; gerade in der Stadt ist es nicht unüblich, von ruandischen Freunden zum Essen eingeladen zu werden. Dann ist der Tisch sehr reichlich gedeckt, mit vielen verschiedenen Beilagen. Entweder stehen die Töpfe auf dem Tisch und werden herumgereicht, oder es ist auf einem separaten Tisch ein Buffet angerichtet. Die Gäste werden immer als erste aufgefordert, sich zu bedienen. Es ist ratsam, sollte man die Speisen nicht kennen, zuerst kleine Portionen zu kosten. Man kann jederzeit nachschöpfen. Die ruandische Küche ist nicht besonders scharf. Die Speisen werden selten heiß gegessen, meistens lauwarm oder für unsere Begriffe eher kalt.

Icara!
setze-dich
Setzen Sie (Ez) sich!

Nimwicare!
Befehl-Setzt-euch
Setzen Sie (Mz) sich!

Urashaka kunwa iki?
du-heute-willst trinken was
Was möchten Sie trinken?

Nimuze ku meza!
Befehl-Ihr-kommt am Tisch
Kommt zum Essen!

Iki n'iki?
4Ez-das ist was
Was ist das?

Iki kiribwa gite?
4Ez-das es(4Ez)-gegessen wird 4Ez-wie
Wie wird das gegessen?

Ntiza ...!
mir-reiche-befehl
Reichen Sie mir ...!

akayiko	kleiner Löffel
ikiyiko	Löffel
icyuma	Messer
ikanya	Gabel

Mit einem Smartphone können Sie sich die mit einem gekennzeichneten Sätze dieses Kapitels anhören.

Viele Ruander essen mit den Händen. Sie können aber auch um einen Löffel bitten.

Verwandtschaft

In Ruanda spielt die Großfamilie eine sehr wichtige Rolle. Die verwandtschaftlichen Beziehungen werden daher viel genauer benannt als im Deutschen. Meistens gibt es eigene Formen für „mein, dein bzw. Ihr und sein bzw. ihr. Einige der wichtigsten Wörter:

muvandimwe (Mz. bavandimwe) wird benutzt als allgemeine Bezeichnung für Verwandter.

ni mwene wacu bedeutet: es ist jemand von der Familie.

umugore wanjye	meine Frau
umugabo wanjye	mein Mann

Bruder und Schwester

mukuru, Mehrzahl bakuru sagt ein Junge zu seinem älteren Bruder und ein Mädchen zu ihrer älteren Schwester.

murumuna, Mehrzahl barumuna sagt ein Junge zu seinem jüngeren Bruder und ein Mädchen zu ihrer jüngeren Schwester.

musaza, Mehrzahl basaza, sagt ein Mädchen zu ihrem Bruder (jünger oder älter); mushiki sagt ein Junge zu seiner Schwester (jünger oder älter).

Eltern

data *oder* **papa wanjye**	mein Vater
so *oder* **papa wawe**	dein / Ihr Vater
se *oder* **papa we**	sein / ihr Vater

mama *oder* **mama wanjye**	meine Mutter
nyoko *oder* **mama wawe**	deine / Ihre Mutter
nyina *oder* **mama we**	seine / ihre Mutter

Die letzten Formen mit papa und mama hört man immer häufiger, und sie sind dabei, die ersten zu verdrängen.

Großeltern

sogokuru	mein Opa
sokuru	dein, Ihr Opa
sekuru	sein, ihr Opa

nyogokuru	meine Oma
nyogokuru	deine, Ihre Oma
nyirakuru	seine, ihre Oma

Kinder, Enkelkinder

umwana wanjye	mein Kind
umuhungu wanjye	mein Sohn
umukobwa wanjye	meine Tochter
umwuzukuru wanjye	mein Enkelkind

Onkel und Tante

data wacu	mein Onkel väterlicherseits
so wanyu	dein / Ihr Onkel väterlicherseits
se wabo	sein / ihr Onkel väterlicherseits
marume	mein Onkel mütterlicherseits
nyokorume	dein / Ihr Onkel mütterlicherseits
nyirarume	sein / ihr Onkel mütterlicherseits
mama wacu	meine Tante mütterlicherseits
nyoko wanyu	deine / Ihre Tante mütterlicherseits
nyina wabo	seine / ihre Tante mütterlicherseits
masenge	meine Tante väterlicherseits
nyogosenge	deine / Ihre Tante väterlicherseits
nyirasenge	seine / ihre Tante väterlicherseits

Neffe und Nichte

Der Onkel väterlicherseits und die Tante mütterlicherseits nennen Neffen und Nichte: umwana wacu. Der Onkel mütterlicherseits sagt: mwishywa wanjye. Die Tante väterlicherseits: mwisengeneza wanjye.

Cousin und Cousine

umuvandimwe (Mz. abavandimwe): Die Eltern sind entweder zwei Brüder oder zwei Schwestern.

umubyara (Mz. ababyara): Die Eltern sind Bruder und Schwester.

Schwiegereltern

databukwe	mein Schwiegervater
sobukwe	dein/Ihr Schwiegervater
sebukwe	sein/ihr Schwiegervater

mabukwe	meine Schwiegermutter
nyokobukwe	deine/Ihre Schwiegermutter
nyirabukwe	seine/ihre Schwiegermutter

Schwiegersohn, Schwiegertochter

umukwe wanjye	mein Schwiegersohn
umukazana wanjye	meine Schwiegertochter

Schwager und Schwägerin

Ein Mann sagt:

umugore wacu	meine Schwägerin, Frau meines Bruders

Eine Frau sagt:	**umugabo wacu**	mein Schwager, Bruder meines Mannes
	muramukazi	Schwägerin, Schwester des Mannes oder Frau des Bruders
Mann und Frau sagen:	**muramu wanjye**	mein Schwager oder Schwägerin, Geschwister meiner Frau oder Mann meiner Schwester

Wetter

Das Wetter ist in Ruanda kein so wichtiges Gesprächsthema wie in Deutschland. In der Trockenzeit regnet es ja nicht. In der Regenzeit gibt es einen oder mehrere Schauer am Tag, aber der größte Teil des Tages ist sonnig und schön. Die Regenzeit ist die schönste: Alles ist grün, es gibt kaum Staub, so dass man herrlich weit sehen kann.

Einziger Nachteil: Die Pisten sind oft verschlammt und rutschig. In der Trockenzeit sind sie aber gut befahrbar. Alles ist dann gelb, staubig und diesig.

Imvura iragwa.
3.3Ez-Regen es(3.3.Ez)-heute-fällt.
Es regnet bzw. es wird heute regnen.

Twugame imvura!
wir-unterschlüpfen-Befehl Regen
Lasst uns Schutz suchen vor dem Regen!

Ntegereje ko imvura ihita.
ich-warte dass 3.3Ez-Regen es(3.3Ez)-aufhört
Ich warte, bis es aufhört zu regnen.

Haranyerera.
es(10)-heute-ist-glatt
Es ist glatt.

Nanyagiwe.
ich-Vergangenheit-bin-nass
Ich bin nass geworden.

Harashyushye.
es-heute-ist warm
Es ist warm.

Harakonje.
es-heute-ist kalt
Es ist kalt.

Ndakonje.
ich-heute-habe-kalt
Mir ist kalt.

Hari umuyaga mwinshi.
es(10)-ist 2Ez-Wind 2Ez-viel
Es ist sehr windig.

izuba	Sonne
imvura	Regen
urubura	Hagel
inkuba	Donner, Blitz

Tiere und Pflanzen

Haustiere

Rinder sind das Statussymbol Ruandas, sie werden sehr hoch geschätzt.

Das Fleisch vom Schaf wird als minderwertige „Pygmäennahrung" betrachtet. Erwachsene Frauen dürfen kein Ziegenfleisch essen.

Ruandische Hunde bellen selten Fremde an. Werden Sie doch mal angebellt, reicht es meistens aus, einen Stein vom Boden aufzuheben oder so zu tun, damit der Hund verschwindet.

ihene	Ziege
intama	Schaf
ingurube	Schwein
urukwavu/ inkwavu (Mz.)	Hase, Kaninchen
inka	Kuh
inyana	Kalb
impfizi	Kuh
inkoko	Huhn
isake	Hahn
imbwa	Hund
injangwe	Katze
ingabo	männliches Tier
ingore	weibliches Tier

** wenn nicht anders angegeben, sind Ez. und Mz. identisch!*

Wilde Tiere

Das häufigste und gefährlichste Tier Ruandas ist die Malariamücke. Eine gute Malariaprävention ist also unbedingt erforderlich. Größer, kaum gefährlich, aber unangenehm ist die Ratte. Schlangen leben im Busch. Obwohl Schlangenbisse selten sind, haben die Ruander eine Riesenangst.

Im Osten des Landes kann man im Kagera-Nationalpark Tiere in freier Wildbahn betrachten. Hier können Tsetsefliegen, die die Schlafkrankheit übertragen, vorkommen. Im Norden des Landes, auf den Hängen der Vulkane (ibirunga) leben die letzten Berggorillas der Welt.

Iyi nyamaswa yitwa ngo iki?
3.3Ez-dieses 3.3Ez-wilde-Tier es(3.3Ez)-heißt wie
Wie heißt dieses Tier?

Iyi nyoni yitwa ngo iki?
3.3Ez-dieses 3.3Ez-Vogel es(3.3Ez)-heißt wie
Wie heißt dieser Vogel?

igisimba/ibisimba (Mz.) od. **inyamaswa**	wildes Tier

intare	Löwe
ingwe	Leopard
impyisi	Hyäne

imbogo	Büffel
imparage	Zebra
inzovu	Elefant
imvubu	Nilpferd
inkura	Nashorn
isatura	Wildschwein
impara	Impala-Antilope
ingagi	Gorilla
inguge	die häufigste Affenart
imhundu	Schimpanse
imbeba	Ratte, Maus
ingona	Krokodil
umuserebanya/ imiserebanya (Mz.)	Eidechse
inzoka	Schlange

**auch auf dieser Seite gilt: wenn nicht anders angegeben, sind Ez. und Mz. identisch.*

Vögel

inyoni	kleiner Vogel
igisiga/ibisiga	großer Vogel
inuma	Taube
umusambi/imisambi (Mz.)	Kronenkranich
nyirabarazana	Ibis
icyanira/ibyanira (Mz.)	Schwarzmilan
inkongoro	Geier
icyiyone/ibyiyone (Mz.)	Rabe
igikona/ibikona (Mz.)	Rabe

Insekten

agakoko/udukoko (Mz.)	Insekt
umubu/imibu (Mz.)	Stechmücke
isazi	Fliege
uruyuki/inzuki (Mz.)	Biene
uruzige/inzige (Mz.)	Heuschrecke
ijeri / amajeri (Mz.)	Grashüpfer
umuswa/imiswa (Mz.)	Termite
umugina/imigina (Mz.)	Termitenhaufen
inda	Laus
imbaragasa	Floh
ivunja/amavunja (Mz.)	Sandfloh
inyenzi	Schabe
ikinyugunyugu/ ibinyugunyugu (Mz.)	Schmetterling
igitangangurwa/ ibitangangurwa (Mz.)	Spinne
intangangurwa	Spinnennetz

Pflanzen

igiti/ibiti	Baum
umugano/ imigano (Mz.)	Bambus
umuko/imiko (Mz.)	Erythrina
umunyinya/ iminyinya (Mz.)	Schirmakazie
indimu	Zitronenbaum
icunga/amacunga	Orangenbaum
ikahwa	Kaffeebaum

Bank & Post

Geldwechsel

Geld können Sie in einer Wechselstube oder in der Bank wechseln.

Ndashaka kwivunjira amafaranga.
ich-heute-möchte Grundform-Wechseln Geld
Ich möchte Geld wechseln.

Ufite ayahe manoti?
du-hast 5Mz-welche 5Mz-Noten
Welche Währung haben Sie?

Mfite ...
ich-habe ...
Ich habe ...

amadorari	Dollar
amayero	Euro
amafaranga y'ubuswisi	Schweizer Franken

Iyero imwe ni amafaranga angahe?
5.3Ez-Euro 5.3Ez-eins ist 5Mz-Geld 5Mz-wieviel
Wie viele Ruanda-Franc bekomme ich für einen Euro?

Idorari imwe ni amafaranga angahe?
5.3Ez-Dollar 5.3Ez-eins ist 5Mz-Geld 5Mz-wieviel
Wie viele Ruanda-Franc bekomme ich für einen Dollar?

Si menshi. Ndagenda ahandi.
nicht-ist 5Mz-viel. Ich-heute-gehe irgendwo-anders
Das ist nicht viel. Ich gehe woanders hin.

Post, Telefonieren, Fax

Postämter gibt es in den Städten. Hier können Sie meist auch telefonieren und faxen.

Briefträger kennt man in Ruanda nicht. Die Post wird an das Postfach der Arbeitsstelle oder der nächsten Missionstation gesandt. Ein Luftpostbrief nach oder aus Europa ist oft mehrere Wochen unterwegs.

Ndashaka kohereza ibarwa mu Budagi.
ich-heute-möchte Grundform-senden Brief in Deutschland
Ich möchte einen Brief nach Deutschland senden.

Einzahl	Mehrzahl	
iposita	**amaposita**	Post
ibarwa	**amabarwa**	Brief
urwandiko	**inzandiko**	Brief
ibahasha	**amabahasha**	Umschläge
itembri	**amatembri**	Briefmarke
ifaks	**amafaks**	Fax
iterefon	**amaterefon**	Telefon, Handy
guterefona		telefonieren
karita		Telefonkarte
karita SIM		SIM-Karte

Es gibt auch Handys. Eine Prepaid-Karte bekommt man für umgerechnet wenige Euro.

Fotografieren

Wenn Sie jemanden fotografieren möchten, sollten Sie vorher fragen.

gufotora	fotografieren

Nshobora kugufotora?
ich-dürfe Grundform-dich-fotografieren
Darf ich dich / Sie fotografieren?

Nshobora kubafotora?
ich-dürfe Grundform-Euch-fotografieren
Darf ich Sie (Mehrzahl) fotografieren?

Leider heißt die Antwort häufig:

Mha amafaranga!
mich-gib-Befehl Geld
Geben Sie mir Geld!

Meistens sind diese Personen auch mit einer kleineren Entschädigung, z. B. einem Bonbon (bombo) zufrieden.

Gerade auf dem Land und von Kindern werden Sie häufig aufgefordert werden :

Mfotora!
mich-fotografiere
Fotografieren Sie mich!

Dufotore!
uns-fotografiere
Fotografieren Sie uns!

Diese Gelegenheiten können Sie dann auch ohne Bedenken wahrnehmen.

Freunde und Bekannte lassen sich gerne fotografieren, wenn Sie versprechen, das Foto später zuzuschicken. Sie sollten das dann allerdings auch tun und nicht vergessen, die Postanschrift zu notieren. Oft verschwinden Personen, kurz bevor Sie ein Foto machen und ziehen sich noch schnell bessere Kleider an.

Kneipe & Nachtleben

In Ruanda gibt es Kneipen, die Kabaret genannt werden. Hier bekommen Sie auch Getränke zum Mitnehmen.

Eine Disco wird mit dem französischen Ausdruck «boîte de nuit», bwat de nwi, bezeichnet. Es sind eher berüchtigte Einrichtungen.

In Ruanda gibt es eine sehr hohe Armutsprostitution und eine hohe AIDS-Rate (französisch: SIDA).

Toilette

Toilette

Auf dem Land gibt es Plumpsklos: ein großes Loch in der Erde, abgedeckt mit Brettern oder Balken, wobei eine etwa 30 cm breite Öffnung freigelassen ist. Sie befinden sich in einer kleinen Hütte oder hinter einem Zaun. Manche Leute gehen auch einfach zwischen die Bananensträucher, die um jedes Haus stehen.

Toilettenpapier gibt es nicht. Man verwendet stattdessen Bananenblätter.

Umusarani uri hehe?
2Ez-Toilette es(2Ez)-ist wo
Wo ist die Toilette?

Ngomba kugenda ku musarani.
ich-muss Grundform-gehen auf Toilette
Ich muss zur Toilette.

Ndashaka gukaraba.
ich-heute-will Grundform-Hände-waschen
Ich möchte mir die Hände waschen.

Ntabwo hari amazi ku musarani.
kein es(10)-ist Wasser in Toilette.
Es gibt kein Wasser in der Toilette.

In der Stadt und auf Missionsstationen gibt es oft „normale" Toiletten, meistens auch Toilettenpapier und eine Gelegenheit, sich die Hände zu waschen. Die Spülung funktioniert allerdings oft erst, wenn Sie den Spülkasten vorher volllaufen lassen. Sehr oft wird der Spülkasten durch einen Eimer mit Wasser ersetzt.

kunyara	urinieren
kunnya	Stuhlgang haben

umusarani bedeutet Stuhlgang und Toilette. Toilette wird meistens auch verstanden. Ganz vornehm heißt es: aho kwituma.

Notfall

Grundsätzlich gilt, dass Ihnen wenn Sie in Not sind, jede westliche Botschaft weiterhelfen wird. Die Botschaften befinden sich fast alle in einem bestimmten Viertel in der Stadtmitte Kigalis, direkt südlich der Sainte-Famille-Kirche.

Mit einem Smartphone können Sie sich die mit einem 👂 gekennzeichneten Sätze dieses Kapitels anhören.

👂 **Nataye impapuro zanjye.**
ich-Vergangenheit-habe-verloren 6Mz-Papier 6Mz-mein
Ich habe meine Papiere verloren.

👂 **Banyibye amafaranga.**
sie-Vergangeheit-mir-haben-gestohlen Geld
Man hat mir mein Geld gestohlen.

Für Diebstahl ist die Polizei (porisi) zuständig.

Porisi iri hehe?
Polizei es (5Ez)-ist wo
Wo ist die Polizei?

👂 **Intumwa y' Ubudagi iri hehe?**
3Ez-Botschaft 3Ez-von Deutschland 3Ez-ist wo
Wo ist die deutsche Botschaft?

Ubuswisi	Schweiz
Ububirigi	Belgien
Otrishi	Österreich

Ndakonje.
ich-heute-habe-kalt
Mir ist kalt.

Ndashonje.
ich-heute-habe-Hunger
Ich bin hungrig.

Mfite inyota.
ich-habe Durst
Ich bin durstig.

Nataye … (= Natakaje …)
ich-Vergangenheit-habe-verloren
Ich habe … verloren.

Nibagiwe …
ich-habe-vergessen
Ich habe … vergessen.

Imodoka yanjye yapfuye.
5.3.Ez.Auto-5.3.Ez.-mein
es(5.3.Ez)-Vergangenheit-ist-tot
Mein Auto ist defekt.

Mfasha!
mich-hilf
Helfen Sie mir!

Hygiene & Krankheit

In den Städten Ruandas gibt es Krankenhäuser, auf dem Land Gesundheitszentren. Dort arbeitet meistens kein Arzt, sondern ein Gesundheitsassistent und Krankenschwestern. Es gibt auch einheimische Heiler.

Ndarwaye.
ich-heute-bin-krank
Ich bin krank.

ararwaye.
er-heute-ist-krank
Er ist krank.

mfite umuriro.
ich-habe Feuer
Ich habe Fieber.

Ndababara hano. = Ndababara aha.
ich-heute-habe-Schmerzen hier
Ich habe hier Schmerzen.

Arababara.
er-heute-hat-Schmerzen
Er hat Schmerzen.

Ndababara mu mutwe.
ich-heute-habe-Schmerzen im Kopf
Ich habe Kopfweh.

Ndahitwa.
ich-heute-habe-Durchfall
Ich habe Durchfall.

Singenda ku musarani.
nicht-ich-gehe zu Stuhlgang
Ich habe Verstopfung.

Ndakorora.
ich-heute-huste
Ich huste.

Ndaruka.
ich-heute-erbreche
Ich erbreche.

Narutse.
ich-Vergangenheit-habe-erbrochen
Ich habe erbrochen.

Ndatwite.
ich-heute-bin-Schwanger
Ich bin schwanger.

Navunitse ukuboko.
ich-Vergangenheit-habe-gebrochen Arm
Ich habe meinem Arm gebrochen / verstaucht.

Nakomeretse ukuguru.
ich-Vergangenheit-habe-verletzt Bein.
Ich habe mir mein Bein verletzt.

Nariwe n'agakoko.
ich-Vergangenheit-gebissen und Insekt
Ich wurde von einem Insekt gestochen.

Nariwe n'imbwa.
ich-Vergangenheit-gebissen und Hund
Ich wurde von einem Hund gebissen.

... iri hehe?
... es(5.3Ez)-ist wo
Wo ist ...?

Ndashaka kugenda mu ...
ich-heute-möchte gehen in ...
Ich möchte ins ...

ibitaro	Krankenhaus
ivuriro	Gesundheitszentrum
ibyariro	Geburtenabteilung

Ndashaka ...
ich-heute-möchte ...
Ich möchte einen/eine...

umuganga	Arzt / Gesundheitsassistent / Krankenpfleger/ Einheimischer Heiler
umugangakazi	Ärztin / Gesundheitsassistentin / Krankenschwester
umuforomo / umuvuzi	Krankenpfleger
umuforomokazi / umuvuzikazi	Krankenschwester
umubikira	Ordensschwester

umuti/imiti (Mz.)	Medikament
ikinini/ibinini (Mz.)	Tablette
amavuta	Salbe
urushinge/ inshinge (Mz.)	Spritze
ingobyi	Tragekorb für Kranke
igitanda/ ibitanda (Mz.)	Bett

Körperteile

Einzahl	Mehrzahl	
umubiri	**imibiri**	Körper
urugohe	**ingohe**	Augenbraue
ijisho	**amaso**	Auge
izuru	**amazuru**	Nase
iryinyo	**amenyo**	Zahn
umunwa	**iminwa**	Mund
ugutwi	**amatwi**	Ohr
itama	**amatama**	Backe
umuhogo	**imihogo**	Hals
ijosi	**amajosi**	Nacken
igituza	**ibituza**	Brustkorb
ibere	**amabere**	Frauenbrust
urubavu	**imbavu**	Rippe
igihaha	**ibihaha**	Lunge
umutima	**imitima**	Herz
umugongo	**imigongo**	Rücken

inda		Bauch
umukondo	**imikondo**	Nabel
igifu	**ibifu**	Magen
ukuboko	**amaboko**	Arm
ukwaha	**amaha**	Achsel
urutugu	**intugu**	Ellbogen
ikiganza	**ibiganza**	Hand
urutoki	**intoki**	Finger
ikibuno	**ibibuno**	Hintern
ukuguru	**amaguru**	Bein
itako	**amatako**	Oberschenkel
ivi	**amavi**	Knie
ikirenge	**ibirenge**	Fuß
ino	**amano**	Zehe
igufwa	**amagufwa**	Knochen
umutsi	**imitsi**	Vene, Nerv
uruhu	**impu**	Haut

umusarani	Stuhlgang
kunnya	Stuhlgang haben
amaraso	Blut
inkari	Urin
kunyara	urinieren
kugenda ku mugongo	Regel, Periode

Krankheiten

umuriro	Fieber
mugiga	Gehirnhaut-entzündung
mararia, ubuganga	Malaria
ibibwa, kimputu	Rückfallfieber
gucira	Auswurf haben
igituntu	Tuberkulose
inkorora, gukorora	Husten
asima	Asthma
ibicurane	Erkältung
umusonga	Lungenentzündung
kuva amaraso	Bluten
igisebe, **ibisebe**	Wunde
ikibyimba, **ibibyimba**	Abszess
ibihara	Windpocken
ubushita	Pocken
ubuheri	Hautausschlag
shima, ubuheri, uruheri	Krätze
ububembe	Aussatz
mburugu	Syphilis
sida	Aids
igicuri	Epilepsie
guhitwa	Durchfall haben
kuruka	Erbrechen
inzoka	Würmer
tifusi	Typhus
kwash, irungu	Kwashiorkor (Unterernährung)
bwaki	Marasmus (Unterernährung)

Kirundi

Das Kirundi, die Sprache Burundis, ist dem Kinyarwanda so ähnlich, dass Burunder und Ruander sich mühelos in ihrer jeweiligen Sprache unterhalten können.

Die Unterschiede sind nicht größer als zwischen dem Hochdeutsch eines Hamburgers und eines Münchners, man hört am Akzent, woher der Sprecher kommt. Bestimmte Wörter sind zwar typisch Kinyarwanda, werden aber auch im Burundi verstanden.

Fast alle Sätze in Kinyarwanda in diesem Sprachführer sind ebenfalls 100-prozentiges Kirundi. Manche Kinyarwanda-Ausdrücke hören sich für Barundi (Burunder) allerdings „derb“an. Dies gilt zum Beispiel für das Wort umukecuru, das im Kinyarwanda eine ehrenvolle Bezeihnung für eine alte Frau ist, im Burundi dagegen eine abwertende Bedeutung („die Alte“) hat. Im folgenden werden die wichtigsten Unterschiede zwischen Kirundi und Kinyarwanda aufgezählt:

Ausdrücke

Im Burundi sagt man zur Begrüßung Ni amahoro oder Dwakeye statt Muraho.

Amakuru iki?	**Ni meza!**
Welche Nachricht?	Gute!

Das ist zwar korrektes Kirundi, meist benutzen die Barundi (Burunder) eine abgekürzte Form:

Amaki?	**Ameza!**
5Mz-welche?	*5Mz-gute*
Welche?	Gute!

(Kinyarwanda: murabeho*)* **n'agasaga / n'akagaruka**
Auf Wiedersehen.

(Kinyarwanda: yego*)* **ego / egoma**
Ja.

Aussprache und Grammatik

Das Kirundi hat häufig c, statt des cy in Kinyarwanda und sh statt des shy. Die Aussprache beider Formen unterscheidet sich aber kaum.

Das Kirundi hat immer vy, wenn das Kinyarwanda by hat.

Die Zukunftsform des Kinyarwanda -za-, ersetzt man durch -zo- oder -ro-.

Die Zahlwörter der 3. Klasse werden regelmäßig mit zi- gebildet.

	Kirundi	Kinyarwanda
viel	**cane**	**cyane**
neu	**-sha**	**-shya**
Eltern	**abavyeyi**	**ababyeyi**
Du wirst arbeiten	**uzokora** = **urokora**	**uzakora**
zwei Kühe	**inka zibili**	**inka ebyili**
drei Kühe	**inka zitatu**	**inka eshatu**

In den folgenden Sätzen habe ich extra viele Unterschiede zusammengetragen:

Ababyeyi bashya bazagura ingurube eshanu. *(Kinyarwanda)*
Abavyeyi basha bazogura ingurube zitanu. *(Kirundi)*
1Mz-Eltern 1Mz-neu sie-Zukunft-(ver-)kaufen 3Mz-Schweine 3Mz-drei
Die neuen Eltern werden drei Schweine (ver-)kaufen.

Folgende wichtige Wörter unterscheiden sich in den beiden Sprachen ebenfalls:

Deutsch	Kirundi	Kinyarwanda
ja	**ego** oder **egoma**	**yego**
Geld	**amahera / amafaranga**	**amafaranga**
Entschuldigung!	**Mpore**	**Mbabalire**
Achtung!	**Mpore**	**Itonde**
Komm!	**Ingo**	**Ngw'ino**
Fahren Sie weiter!	**ramvura!**	**Komeza!**
Sonntag	**Kuwa Mungu / Kuwa Imana**	**Icyumweru**
oder	**canke**	**cyangwa**
aber	**mugabo** oder **ariko**	**ariko**
alter Mann	**umutama / umusaza**	**umusaza**
alte Frau	**umutamakazi**	**umukecuru**
urinieren	**gusoba**	**kunyara**
Bohnen	**ibiharage**	**ibishyimbo**
Ich habe erbrochen.	**nadashwe**	**narutse**
Ich habe Durchfall.	**ndacibwanwo**	**ndahitwa**

Viele dieser Wörter gibt es sowohl in Kinyarwanda als auch in Kirundi. Die Kirundi-Ausdrücke hören sich in Ruanda dann „geschwollen" an, in Burundi „ordinär".

Literaturhinweise

Meines Wissens gibt es außer diesem Kauderwelsch-Sprachführer nur noch ein sehr altes Wörterbuch in deutscher Sprache:

Wörterbuch Deutsch – Kinyarwanda von Pater Felix Dufays,
erschienen 1912 im Mosella-Verlag, Trier. Nur von Deutsch nach Kinyarwanda. Die Rechtschreibung ist eigenartig. Es ist noch in einigen Bibliotheken vorhanden.

Es gibt einige sehr ausführliche mehrteilige Kinyarwanda – Französisch – Kinyarwanda Wörterbücher. Seit es ein gutes Online-Wörterbuch und eine gute App gibt, lässt vermutlich das Interesse an gedruckten Wörterbüchern nach.

App und Online-Wörterbücher

Am meisten benutze ich das

Online-Wörterbuch (Englisch – Kinyarwanda – Englisch) von Kinyarwanda.net:
http://kinyarwanda.net/

Als **App** benutze ich das Wörterbuch **Kumva (Englisch – Kinyarwanda – Englisch).** Andere Apps, die ich ausprobiert habe, waren eher nutzlos.

Lehrbücher

In den letzten Jahren sind mehrere neue Lehrbücher auf Englisch erschienen. Ich habe sie kurz durchgeblättert, sie kamen mir aber alle nicht sehr empfehlenswert vor und sind teilweise auch verhältnismäßig teuer.

Der Klassiker zum gründlichen Kinyarwanda-Studium bleibt das französische **Twige Ikinyarwanda** von C. M. Overdulve und I. Jacob. Die Grammatik und das Tonsystem werden sehr ausführlich behandelt.

Am ehesten bekommen Sie diese Bücher im „Librairie Caritas" im Zentrum von Kigali (KN 76 Straße) oder in der CELA (Sprachschule) der Weißen Väter, nahe der Sainte-Famille-Kirche (KN 3 Avenue).

In Kigali sind die Straßen mit einer Kombination aus Buchstaben und Zahlen nummeriert

Die Hügel Ruandas von Gisagara aus

Wörterlisten

Bei **Hauptwörtern** steht an zweiter Stelle die Mehrzahl.

Bei **Tätigkeitswörtern** steht an zweiter Stelle der Vergangenheitsstamm („Stamm + ye", siehe Kapitel „Zeiten").

Einige Tätigkeitswörter, die einen Zustand ausdrücken, benutzen den Vergangenheitsstamm in der Gegenwart (siehe Kapitel „Zeiten"). Diese tragen vor dem Vergangenheitsstamm ein * .

(E)- bedeutet, dass an dieser Stelle die Vorsilbe des Eigenschaftswortes kommt (siehe Kapitel „Eigenschaftswörter").

(F)- bedeutet, dass an dieser Stelle die Vorsilbe des Fürwortes kommt (Kapitel „Fürwörter).

a.: bedeutet „auch".

Wörterliste Deutsch - Kinyarwanda

A

Abend umugoroba, imigoroba
aber ariko
abfahren, abreisen kugenda, -giye
abschleppen gukurura, -kuruye
Adresse ideresi, amaderesi
allein (F)-onyine
alles (F)-ose
alt sein gusaza, *-shaje
alter Mann umusaza, abasaza
alte Frau umukecuru, abakecuru
Andenken urwibutso, inzibutso
anfangen (m. bestimmter Handlung) kubanza, -banje = -banjije
anfangen (zu bestimmter Zeit) gutangira, -tangiye
anfangen (an bestimmtem Ort) guhera, -hereye
Angestellte(r) umukarani, abakarani
Angst ubwoba
anhalten (ein Auto...) guhagarika imodoka, -hagaritse
anhalten (irgendwo) guhagarara, -hagaze
ankommen kuza, -je
ankommen (irgendwo) kugera, -geze
Antwort igisubizo, ibisubizo
antworten gusubiza, -shubije
Apotheke ifarimasi, amafarimasi
arbeiten gukora
Arbeiter(in) umukozi, abakozi
arm (E)-kene
Arm ukuboko, amaboko
Arzt umuganga, abaganga
Arzt umuvuzi, abavuzi
auch na
auf ku
aufhören kurekera aho, rekeye aho
aufstehen kubyuka, -byutse
aufwachen gukanguka, -kangutse
aus kuva
Ausgang aho gusohoka
ausgezeichnet mwiza cyane
Ausland ahandi
Europäer umuzungu, abazungu
europäisch (E)-zungu
aussteigen gusohoka, -sohotse
Ausweis icyangombwa, ibyangombwa
ausziehen kwambura, -ambuye
Auto imodoka, amamodoka
Autowerkstatt igaraji, amagaraji

B

baden kwiyuhagira, -iyuhagiye
Bahnhof (Bus-, Taxi-) igare, amagare
bald vuba
Bank (Geld) ibanki, amabanki
Bargeld amafaranga
Batterie ibuye, amabuye
bauen kubaka, -batse
Bauer umuhinzi, abahinzi
Baum igiti, ibiti
beeilen, sich kwihuta, -ihuse
beenden kurangiza, -rangije
begleiten kujyana, -jyanye
begleiten kugendana, -gendanye
begleiten (nach Besuch) guherekeza, -herekeje
begrüßen kuramutsa, -ramukije
behandeln (Krankh.) kwivura, -ivuye
behandeln lassen (Krankh.) kwivuza, -vuje = -vujije
bei ku, hafi
Beispiel urugero, ingero
bekanntmachen, sich kwibwirana, -ibwiranye
beleidigen gutuka, -tutse
benachrichtigen kuburira, -buriye
benachrichtigen

kumenyesha, -menyesheje
Benzin risansi
Berg umusozi, imisozi
Beruf umwuga, imyuga
berühmt sein kuvugwa, *-vuzwe
beschweren, sich kuganya, -ganye
besichtigen kureba, -rebye
besichtigen kurora, -roye
besichtigen kugenzura, -genzuye
Besitzer umutunzi, abatunzi
besser, sein kurusha, -rushije
bestellen gutumiza, -tumije
Bestellung itumiza, amatumiza
bestrafen guhana, -hannye
Besuch(er) umushyitsi, abashyitsi
besuchen gusura, -suye
beten gusenga, -senze
betrügen guhenda, -henze
betrunken sein gusinda, *-sinze
Bett igitanda, ibitanda
Bettzeug ibiringiti
beweisen kwemeza, -emeje
bezahlen gutanga amafaranga, -tanze
bezahlen kwishyura, -ishuye
Bier (europ.) ibyeri, ibyeri
Bier (einheimisches) inzoga, inzoga
Bananenbier urwagwa
Sorghobier amarwa
Sorghobier ikigage
Bild ishusho, amashusho
billig sein kugurwa bike, -guzwe bike
Binde urupfuko, impfuko
bis igeze
bisschen (E)-keya
bitten gusaba, -sabye
Blatt (Papier) urupapuro, impapuro
Blatt(Baum) ikibabi, ibibabi
bleiben gusigara, -sigaye
bleiben kuguma, -gumye
Bleistift ikaramu, amakaramu
Blume ururabo, indabo
Boot ubwato, amato
Botschaft (dipl.) intumwa, intumwa
Brand umuriro, imiriro
Brauch umugenzo, imigenzo
brauchen gukenera, -keneye
breit (E)-nini
brennen kwaka, -atse
Brief ibarwa, amabarwa
Briefmarke itembure, amatembure
Briefumschlag ibahasha, amabahasha
Brille amarineti = indorerwamo
bringen kuzanira, -zaniye
Brot umugati, imigati
Brücke ikiraro, ibiraro
Brücke iteme, amateme
Brust (weibl.) ibere, amabere
Brust igituza, ibituza
Buch igitabo, ibitabo
Buchstabe inyunguti, inyunguti
Bürger (Staats-) umuturage, abaturage
Büro ibiro, amabiro
Bus ibisi, amabisi

C

Chauffeur umushoferi, abashoferi
Chef umutware, abatware

D

da hariya
Dach igisenge, ibisenge
damit kugira ngo
danach hanyuma
danke murakoze
danken gushimira, -shimiye
dann kandi
darum ni cyo gituma
dass ko, ngo
Datum itariki, amatariki
dauern kumara, -maze
Decke(Bett) ikiringiti,

ibiringiti
dein/e (F)-awe
denken gutekereza, -tekereje
deshalb ni cyo gituma
deutsch (Sprache) ikidagi
Deutsche(r) umudagi, abadagi
Deutschland ubudagi
dick (E)-nini
dieses ikingiki, ibingibi
diese(r,s) uyunguyu, abangaba
Ding ikintu, ibintu
Diskothek „boîte de nuit"
Dokument(e) icyangombwa, ibyangombwa
Dolmetscher umusemuzi, abasemuzi
Dorf umudugudu, imidugudu
dort hariya
dorthin hariya
draußen hanze
dringend sein kugira ubwira, *-fite ubwira
du wowe
dumm sein kubura ubwenge, *-buze ubwenge
dunkel (es ist...) ntihabona
dünn sein kunanuka, *-nanutse
durch(hindurch gehen) kunyura, -nyuye
Durchfall (haben) guhitwa, -hiswe

E

echt ukuri
Ehefrau umugore, abagore
Ehemann umugabo, abagabo
Ehepaar abashyakanye
Ei igi, amagi
Eigentum ibintu bye bwite
einbrechen kwimba inzu, -imbye inzu
einfach sein koroha, *-oroshye
Eingang umuryango, imiryango
einige (F)-mwe
einladen gutumira, -tumiye
Einladung ubutumire
einmal rimwe
einsteigen kwinjira, -injiye
eintreten kwinjira, -injiye
einverstanden nuko
Einwohner von ... umunya ..., abanya ...
Eiter amashyira
Eltern ababyeyi
empfangen kwakira, -akiriye
empfehlen kuvugira, -vugiye
Ende iherezo
eng sein gukobana, -kobanye
englisch ikingereza
entscheiden gukemura, -kemuye
Entschuldigung mbabarire
erhalten kuronka, -rontse
erholen, sich kuruhuka, -ruhutse
sich erinnern kwibuka, -ibutse
Erkältung ibicurane
erklären gusobanura, -sobanuye
erlauben gukundira, -kundiye
erlauben kwemerera, -emereye
Erlaubnis uruhushya, impushya
Ermäßigung kugerura, -geruye
Ersatzteil icyo gusimbura, ibyo gusimbura
erzählen gutekereza, -tekereje
essen kurya, -riye
Etage igorofa, amagorofa
etwa ahari
etwas (E)-keya
euer/e (F)-anyu
Fabrik uruganda, inganda
Faden urudodo, indodo
Fähre ubwato, amato
fahren gutwara, -twaye
Fahrpreis igiciro cy'uruganda, ibiciro cy'inganda
Fahrrad igari, amagari
Fahrzeug (Auto) imodoka, amamodoka

Familie umuryango, imiryango
Familienangehörige/r umuvandimwe, abavandime
Familienname izina, amazina
Farbe ibara, amabara
faul (träge) (F)-a umunebwe
faul sein (Obst) kubora, *-boze
Fehler igicumuro, ibicumuro
Feier ibirori
feiern gusingiza, -singije
Feld umurima, imirima
Fenster idirishya, amadirishya
Ferien ikiruhuko, ibiruhuko
fern kure
Fernsehgerät itereviziyo, amatereviziyo
fertig birarangije
fest sein gukomera, *-komeye
Fest ibirori
Festtag umunsi mukuru, iminsi mikuru
feucht sein kubobera, *-bobereye
Feuer umuriro, imiriro
Fieber umuriro, imiriro
Film (Kino-) isinema, amasinema
finden kubona, -bonye
Finger urutoki, intoki
Fisch ifi, amafi
Flasche icupa, amacupa
Fleisch inyama, inyama
flicken (Reifen) kuhoma, -homye
fleißig kugira umwete, -fite umwete
fliegen kuguruka, -gurutse
Flughafen ikibuga cy'indege, ibibuga by'indege
Flugticket itike y'indege, amatike y'indege
Flugzeug indege, indege
Fluss umugezi, imigezi
Formular urupapuro, impapuro
Fotoapparat icyuma gifotora, ibyuma bifotora
fotografieren gufotora, -fotoye
Frage ikibazo, ibibazo
fragen kubaza, -bajije
Frau umugore, abagore
Fräulein inkumi, inkumi
Fräulein umukobwa, abakobwa
frei sein kwigenga, -igenze
Fremder umunyamahanga, abanyamahanga
freuen, sich kwishima, -ishimye
freuen, sich kunezerwa, -nezerewe
Freund(in) incuti, incuti
freundlich (E)-iza
Freundschaft ubucuti
Frieden amahoro
frieren gukonja, -konje
frisch sein (Obst) -bisi
fröhlich, sein kugira urwenya, *-fite urwenya
Frucht imbuto, imbuto
früh kare
Frühstück ibiryo byo mu gitondo
frühstücken kurya mu gitondo, -riye mu gitondo
fühlen, sich kumva, -vuye
Reiseleiter umuyobozi, abayobozi
für (F)-a
fürchten, sich (vor) gutinya, -tinye
Fuß ikirenge, ibirenge

G

Gabel ikanya, amakanya
ganz (F)-ose
Garten ubusitani, amasitani
Gas gaze
Gasse inzira, inzira
Gast umushyitsi, abashyitsi
Gastfreundschaft geben gucumbikira, -cumbikiye
Gastgeber nyirinzu
Gaststätte akabare, utubare
Gebäude inzu, inzu

Gebäude inyubakwa, inyubakwa
geben guha, -haye
geben gutanga, -tanze
Gebirge umusozi, imisozi
Gebühr amafaranga, amafaranga
Geburtstag umunsi wo kuvuka, iminsi yo kuvuka
gefallen gukunda, -kunze
Gefängnis igereza, amagereza
Gefäß igikombe, ibikombe
Gefühl umutima, imitima
gegen ku
Gegend ikirere, ibirere
gegenüber stehen gutegana, -teganye
gehen kugenda, -genze
gehen kujya, -giye
Geldstück igiceri, ibiceri
Geld amafaranga
Gemüse imboga, imboga
gemütlich (E)-iza
genau cyane, rwose
genug sein gukwira, *-kwiye
Genug! Rekeraho! Gezaho!
Gepäck ibipfunyika
geradeaus komeza
gern haben gukunda, -kunze
Geschäft (Tätigkeit) umurimo, imirimo
Geschäft (Laden) iduka, amaduka
Geschenk an Untergebene ingabire, ingabire
Geschenk an Höhergestellte ituro, amaturo
Geschichte (Historie) amateka
Geschichte (Erzählung) umugani, imigani
Geschwister umuvandimwe, abavandimwe
Gesetz itegeko, amategeko
Gespräch führen kuganira, -ganiriye
gestern ejo, ejo
gesund (E)-zima
Gesundheit ubuzima
Getränk icyo kunwa, ibyo kunwa
Gewicht uburemere
Gewitter (Regen) imvura, imvura
Gewitter (Blitz & Donner) inkuba, inkuba
gewöhnen, sich (an) kumenyera, -enyereye
Gewürz ibirungu
Gift uburozi
Giftschlange inzoka ifite ubumara, inzoka zifite ubumara
Glas (Trink-) ikirahure, ibirahure
Glas (Material) ikirahure, ibirahure
glauben kwemera, -emeye
Glück ihirwe, amahirwe
glücklich sein kwishima, *-shimye
glücklich sein guhirwa, -hiriwe
Gold zahabu
Gott Imana
Gramm igarama, amagarama
Grammatik ingaramatika, ingaramatika
Gras icyatsi, ibyatsi
gratulieren gushima, -shimye
Grenze inkiko, inkiko
Grippe ibicurane, ibicurane
groß (E)-nini; (E)-re(E)-re
Größe (Kleidung u.ä.) ubururbure
Gruppe agatsiko, udutsiko
grüßen kuramutsa, -ramutse
grüßen, sich gutashya, -tahiye
gültig kugira agaciro, *-fite agaciro
gut (E)-iza

H

haben kugira, -fite
Hafen icyambu, ibyambu
Hälfte igice, ibice
halten (an-) guhagarara, -hagaraye

halten (fest-) gufata, -fashe
Haltestelle aho gutegera
Handel (Geschäft) iduka, amaduka
Handel treiben gucuruza, -curuje
Händler umucuruzi, abacuruzi
hart sein gukomera, *-komeye
Haus inzu, inzu
heben guterura, -teruye
Heftpflaster agapfuko, udupfuko
heiß sein gushyuha, *-shyushye
helfen gufasha, -fashije
hell (es ist...) bose babona
erhellen kumurika, -muritse
Herr (Jesus) Nyagasani (Yesu)
Herr bwana
heute uyu munsi
heute none
hier hano
Hilfe! Ni muntabare!
hinten inyuma
hinter inyuma ya
hoch (E)-re-(E)-re
Hochzeit ubukwe
hoffen kwizera, -izeye
Holz igiti, ibiti
Holz (Brenn-) inkwi, inkwi
hören kumva, -umvise
Hotel ihoteri, amahoteri
hungrig sein gusonza, *-shonje
Hygiene (Sauberkeit) isuku

I

ich jyewe
ihr/e (Mz.) (F)-bo
ihr/e (Ez.) (F)-e
Ihr/e (F)-awe
immer iteka
impfen gukingira, -kingize
in (zeitlich) mu
in (örtlich) mu, ku, i
Industrie inganda
informieren, sich kubarira, -bariye
Insekt agakoko, udukoko
Insel ikirwa, ibirwa
interessieren, sich (für) kwita, -taye
international mpuzamahanga

J

ja yego
Jahr umwaka, imyaka
Jahreszeit igihe, ibihe
jährlich buri mwaka
jeder umuntu mwese
jedesmal ibihe byose
jedesmal buri gihe
jemand umuntu
jener uyu
jetzt nonaha
Journalist umunyamakuru, abanyamakuru
jung (E)-to
junger Mann umusore, abasore
junges Mädchen inkumi, inkumi
Junge umuhungu, abahungu
kalt sein gukonja, *-konje
Kälte imbeho
kaputt sein gupfa, *-pfuye
kaputt sein kononekara, *-ononekaye
Karte ikarita, amakarita
Kasse isanduku, amasanduku
kaufen kugura, -guze
kennen, wissen kumenya, -menye
kennen , -zi
Kind umwana, abana
Kino isinema, amasinema
Kirche ikiriziya, amakiriziya
Kleidung umwambaro, imyambaro
klein (E)-to
klug sein kugira ubwenge, utubare
Kneipe akabare, -tetse
kochen guteka, amasanduku
Koffer isanduku, -je
kommen kuza
kompliziert sein gukomera, *-komeye

Kondom agakingirizo, udukingirizo
können gushobora, -shoboye
Konsulat intumwa, intumwa
kontrollieren kugenzura, -genzuye
Konzert igitaramo, ibitaramo
kosten (probieren) kugerageza, -gerageje
kosten (Preis) kugurwa, -guzwe
kostenlos ubusa
krank sein kurwara, *-rwaye
Krankenhaus ibitaro, amabitaro
Krankheit indwara, indwara
Krankenwagen ambiransi
kühl sein gukonja, *-konje
Kühlschrank ifirigo, amafirigo
Kunst ubuhanzi
kunstgewerbl. Waren umutako, imitako
kurz (E)-gufi

L

lächeln kumwenyura, -mwenyuye
lachen (über etw.) guseka, -setse
Lage (geogr.) ahantu, ahantu
Laken ishuka, amashuka
Lampe (Öl) itara, amatara
Lampe (elektrisch) isitimu, amasitimu
Land igihugu, ibihugu
Landkarte ikarita, amakarita
Landschaft igihugu, ibihugu
Landwirt umuhinzi, abahinzi
lang (Entfernung) (E)-re-(E)-re
lang(e) (Zeit) (E)-re-(E)-re
langsam buhoro
Langeweile irungu
laufen, rennen kwiruka, -irutse
laut sprechen kurangurura, -ranguruye
leben kubaho, -riho
Leben ubuzima
Lebensmittel ikiryo, ibiryo
ledig, ich bin... (Mann) Nta mugore mfite
lediger Mann ingaragu, ingaragu
ledig, ich bin... (Frau) Nta mugabo mfite
leer ubusa, ubusa
legen gushyira, -shyize
lehren kwigisha, -igije
Lehrer(in) umwarimu(kazi), abarimu(kazi)
leicht sein (nicht schwer) koroha, *-oroshye
leihen, sich (von) gutira, -tiye
lernen kwiga, -ize
lesen gusoma, -somye
Leute rubanda, abantu
Licht machen gucana, -canye
lieben gukunda, -kunze
Lied indirimbo, indirimbo
liegen (auf den Rücken) kugarama, -garamye
liegen (im Bett) kuryama, *-ryamye
links ibumoso
Loch umwobo, imyobo
Löffel ikiyiko, ibiyiko
Lohn, Gehalt igihembo, ibihembo
Lohn, Gehalt umushahara, imishahara
lügen kubeshya, -beshye
lustig sein gushyenga, -shyenze

M

machen gukora, -koze
Mädchen umukobwa, abakobwa
malen gushushanya, -shushanije
manchmal rimwe na rimwe
Mann umugabo, abagabo
Markt isoko, amasoko
Medikament umuti, imiti
mehr sein kuruta, -ruse

mein/e (F)-njye
Menge, Quantität incuro, incuro
Mensch umuntu, abantu
Messer icyuma, ibyuma
mieten gukodesha, -desheje
Minute umunota, iminota
mit na
Mittag essen (zu) kurya sasita
Mittag sasita
Mode icyaduka
möglich (es ist...) birashoboka
Monat ukwezi, amezi
morgen ejo
Morgen igitondo, ibitondo
Motor imoteri, amamoteri
Motorrad ipikipiki, amapikipiki
müde sein kunanirwa, *-naniwe
Müll umwanda, imyanda
Museum inzu y'urwibutso, inzu z'urwibutso
Musik umuzika, imizika
müssen kugomba, -gombye
Mutter (meine, deine/Ihre, seine/ihre) mama, nyoko, nyina

N

nach (Richtung) ku, kuri, i
nach (Zeit) maze, -shize
Nachmittag nyuma ya sasita
Nachmittag igicamunsi
Nachricht inkuru, amakuru
nächste/s (Zeitangabe) (F)-taha
Nacht ijoro
nackt sein kwambara ubusa, -ambaye ubusa
Nadel urushinge, inshinge
nah hafi
Name izina, amazina
nass sein gutota, *-tose
Nationalität ubwenegihugu
neben iruhande
nehmen gufata, -fashe
nein oya
neu (E)-shya
neugierig sein kugira amatsiko, *-fite amatsiko
nichts ntacyo
niedrig (E)-gufi, (E)-to, (E)-toya
niemals ntabwo
niemand ntawe
nirgendwo/-hin ntaho
noch einmal ongera
Norden amajyaruguru
normal igisanzwe
notwendig (es ist...) ni ngombwa
Nummer inumero, amanumero
nur gusa

O

oben hejuru
Obst imbuto
oder cyangwa
öffnen kingura, -kinguye
öffnen fungura, -funguye
oft kenshi
Öl amavuta
Organisation umuryango
Ort ahantu, ahantu
Osten iburasirazuba
Österreich otirishi
Österreicher(in) umwotirishi
Paar (F)-biri
Päckchen agapfunyika, udupfunyika
Päckchen agapaki, udupaki
Paket igipfunyika, ibipfunyika
Paket ipaki, amapaki
Panne (in...sein) gupfa, *-pfuye
Papier urupapuro, inpapauro
Park ipariki, amapariki
- Kagera-Park Akagera
- Volkanen-Park Pariki y' ibirunga
Parkplatz iparikaji, amaparikaji
Pass icyangombwa, ibyangombwa
Patient umurwayi, abarwayi

Pause machen kwitsa, -ikije
Person umuntu, abantu
Petroleum (für Lampe) ipeterori
Pflanze (Gras) icyatsi, ibyatsi
Pflanze (Blume) ururabo, indabo
Pflanze (Baum) igiti, ibiti
Plan ikariti, amakariti
Platz ahantu, ahantu
plötzlich vuba, ako kanya
Politik iporitike
Polizist umuporisi, abaporisi
Polizei abaporisi
Post(amt) iposita, amaposita
Postkarte ikarita, amakarita
Preis ikiguzi, ibiguzi
Problem (Ärger, Schwierigkeiten) amahane
Programm gahunda
Prospekt urupapuro, impapuro
pünktlich kommen kuzira igihe, -ziye igihe

R

Radiogerät iradiyo, amaradiyo
Rat inama, inama
rauchen kunwa itabi, -noye itabi
Raum icyumba, ibyumba
rechnen kubara, -baze
Rechnung kwitanisi, amakwitanisi
Recht (Gesetze) amategeko, amateko
rechts iburyo
reden kuvuga, -vuze
reden (sich unterhalten) kuganira, -ganiye
Regen imvura, imvura
Regenschirm umutaka, imitaka
registrieren lassen) kwandikisha , -andikishije
reich (E)-kire
reif sein kwera, *-eze
Reifen umupira, imipira
Reise urugendo, ingendo
reisen kugenda, -genze
reparieren gukora, -koze
reservieren gushyingura, -shyinguye
Restaurant iresitora, amaresitora
richtig (E)-iza
Richtung icyerekezo, ibyerekezo
roh (E)-bisi
zurückfahren kugaruka, -garutse
Rucksack umufuka wo guheka, imifuka yo guheka
rufen guhamagara, -hamagaye
schreien gusakabaka, -sakabatse
Ruhe ikiruhuko; ituze

S

Sache ikintu, ibintu
sagen kubwira, -bwiye
Salbe amavuta
Salz umunyu
sammeln kurunda, -runze
Sand umusenyi, imisenyi
satt sein guhaga, *-haze
Satz (Grammatik) interuro, interuro
sauber sein kugira isuku, *-fite isuku
sauber machen gusukura, -sukuye
sauer sein kubiha, *-bishye
sauer sein kurura, -*ruye = *-ruze
Schallplatte idisiki, amadisiki
Schaf intama, intama
Scheck isheki, amasheki
Schere umukasi, imikasi
senden (Person) gutuma, -tumye
senden (Gegenstand) kohereza, -ohereje
schießen kurasa, -rashe
Schiff ubwato, amato
schlafen gusinzira, -sinziye
schlafen kuryama, *-ryamye

Schlafzimmer icyumba cyo kuryama, ibyumba byo kuryama
schlagen gukubita, -bise
schlecht -bi
Schlüssel urufunguzo, infunguzo
schmackhaft sein kuryoha, *-ryose
Schmerzen haben kubabara, -babaye
Schmuck umurimbo, imirimbo
schmutzig gusa nabi
schnell vuba
schön (E)-iza
schreiben kwandika, -anditse
Schuh inkweto, inkweto
Schuld, Verbrechen igicumuro, ibicumuro
Schule ishuri, amashuri
Schüler(in) umunyeshuri, abanyeshuri
schwanger sein gutwita, *-twite
schwanger sein kugira inda, *-fite inda
Schweiz ubuswisi
Schweizer(in) umuswisi, abaswisi
schwer sein (Gewicht) kuremera, *-remeye
schwierig sein gukomera, *-komeye
schwimmen koga, -oze
schwitzen gututubikana, -tutubikanye

See inyanja, inyanja
sehen kubona, -bonye
Seife isabuni, amasabuni
Seil umugozi, imigozi
sein kuba, *-ri
sein/e (F)-e
seit kuva
Seite (Richtung) uruhande, impande
Sekunde isekunda, amasekunda
selbst -onyine
selten (etwas seltenes) ingume, ingume
setzen, sich kwicara, -icaye
sicher (es ist...) ni ukuri
sie (Ez.) we
sie (Mz.) bo
Sie wowe
singen kuririmba, -ririmbye
sitzen kwicara, -icara
sitzen, passen (Kleidung) kubcra, -bereye
so ist es nibyo
sofort nonaha
Sohn umwana w'umuhungu, abana b'abahungu
solch(e,er,es) (F)-tyo
sollen kugomba, -gombye
Sonne izuba
sparen kurondereza, -rondereje
spät (zu spät sein) gutinda, -tinze
spät am Abend burije

spazierengehen gutembera, -tembereye
Speise ibiryo
Speisekarte ikarita ry'ibiryo
spielen gukina, -kinye
Spielzeug igikinisho, ibikinisho
Sport isipori
Sprache ururimi, indimi
sprechen kuvuga, -vuze
Spritze urushinge, inshinge
Staatsangehörigkeit ubwenegihugu
Stadt umugi, imigi
stehlen kwiba, -ibye
Stein ibuye, amabuye
Stelle, Ort ahantu, ahantu
stellen gushyira, -shyize
sterben gupfa, -pfuye
Stimme ijwi, amajwi
Stoff umwenda, imyenda
stören kubuza, bujije
Strafe igihano, ibihano
Straße umuhanda, imihanda
Streichhölzer ikibiriti, ibibiriti
streiten gutongana, -tonganye
Stück igisate, ibisate
Student umunyeshuri, abanyeshuri
Stunde isaha, amasaha
suchen gushaka, -shatse
Süden amajyepfo
Summe igiteranyo

Suppe isupu
süß sein kuryoha, *-ryoshye

T

Tabak itabi
Tablette ikinini, ibinini
Tag umunsi, iminsi
täglich buri munsi
Tal umubande, imibande
Tankstelle ipompo rya risansi, amapompo ya risansi
tanzen kubyina, -byinye
Tänzer intore, intore
Tasche umufuka, imifuka
Taxi itagisi, amatagisi
Telefon iterefoni, amaterefoni
telefonieren guterefona, -terefonye
Telegramm iteregaramu, amateregaramu
teuer (es ist...) ni menshi
teuer verkaufen guhenda, -henze
Theaterstück umukino, imikino
tief (E)-re-(E)-re
Tier (wildes) inyamaswa, inyamaswa
Tochter umwana w'umukobwa, abana b'abakobwa
Tod urupfu
Toilette umusarani, imisarani
Toilettenpapier urupapuro, impapuro
tot sein gupfa, *-pfuye
töten kwica, -ishe
Tradition akarande, uturande
tragen gutwara, -twaye
tragen (auf dem Rücken) guheka, -hetse
tragen(auf dem Kopf) kwikorera, -koreye
traurig kugira intimba, -fite intimba
treffen (begegnen) guhura, -huye
Treppe urwego, inzego
trinken kunwa, -noye
Trinkgeld amatabishi
trocken sein kuma, *-umye
Trommel ingoma, ingoma
tschüß (tagsüber) wirirwe
tschüß (am Abend) uramuke
tun gukora, -koze
Tür umuryango, imiryango
Turm umunara, iminara

U

üben kumenyereza, -menyereje
über (örtl.) hejuru ya
überall hose
übermorgen ejo bundi
übersetzen (Sprache) gusemura, -semuye
Übersetzer umusemuzi, abasemuzi
übrig (F)-ndi
Uhr isaha
um zu (F)-a
Umgebung umuhana, imihana
umtauschen kuvunjira, -vunjiye
umtauschen (Gegenstand) kugurana, -guranye
Umweg machen kuzigura, -ziguye
unbekannt sein kutamenyekana, -tamenyekanye
und na
Unfall impanuka, impanuka
Universität kaminuza, kaminuza
Universität iniverisite, amaniverisite
unschuldig umwere
unser/e (F)-cu
unten hepfo, hasi
unter munsi ya
unterhalten (sich) kuganira, -ganiye
Unterhaltung ikiganiro, ibiganiro
Unterkunft icumbi, amacumbi

unterrichten (lehren) kwigisha, -igishije
unterschreiben gusinya, -sinye
Unterschrift isinya, amasinya
Urlaub ikiruhuko, ibiruhuko

V

Valuta, Devisen amafaranga
verabreden (sich) guteguza, -teguje
verabschieden,sich gusezeraho, -sezeyeho
verboten (es ist...) birabujijwe
Verbrechen icyaha, ibyaha
verdienen guhembwa, -hembwe
vergessen kwibagirwa, -ibagiwe
vergnügen, sich gukina, -kinye
verirren, sich kuyoba, -yobye
verkaufen kugurisha, -gurishije
verkaufen gucuruza, -curuje
verleihen (an) gutiza, -tije
verletzten (sich) gukomereka, -komeretse
Verletzung igikomere, ibikomere
verlieben, sich gukunda, -kunze
verlieren (Dinge) guta, -taye
vermieten gukodesha, -kodesheje
Versicherung ubwiteganyirize
verspäten,sich gutinda, -tinze
versprechen (jmd. etwas) gusezerana, -sezeranye
verstehen kumva, -umvise
versuchen kugerageza, -gerageje
viel -inshi
vielleicht ahari
Vogel inyoni, inyoni
Volk abantu
voll sein kuzura, *-uzuye
voll machen kuzuza, -uzuje
von (F)-a
vor (Zeit) hashize
vor (Platz) imbere
vorbereiten gutegura, -teguye
vorgestern ejo bundi
vorher imbere
Vormittag igitondo, ibitondo
Vorname izina ry' irikiristu, amazina y' amakiristu
vorne imbere
vorschlagen gushaka, -shatse
vorstellen (jemanden) kuvuga , -vuze
vorstellen, sich kwivuga, -ivuze

W

Wagen imodoka, amamodoka
wahr (es ist...) ni ukuri
während mu, muri, ku
Wald ishyamba, amashyamba
Wand igisika, ibisika
wandern gutembera, -tembeye
wann ryari
Ware ikintu, ibintu
warm sein gushyuha, *-shyushye
warten kurinda, -rinze
warum n' iki gituma
warum kuki
was iki
waschen koza, -oje
waschen, sich guhagira, -hagiye
Wasser amazi
Watte ipamba
wechseln guhindura, -hinduye
wechseln (Geld) kuvunja, -vunje
wecken gukangura, -kanguye
Weg inzira, inzira
Weg umuhanda, imihanda
wegen kubera
weiblich Hauptwort+kazi
weil ni cyo gituma
weil kuko
weinen kurira, -rize
welcher uwuhe

wenig (E)-ke, (E)-keya
wenn iyo
wer nde
wessen (F)-a nde
Westen iburengerazuba
Wetter (schönes) umucyo
Wetter (trübes, kaltes) igitumbwe
Wetter (bedeckt) ikibunda
wichtig ngombwa
wie iki
wie (F)-te
wie (Vergleich) nka, nk'
wieder ubundi
wiederholen gusubira, -subiye
wieviel (F)-ngahe
Wind umuyaga, imiyaga
wir twebwe
wissen kumenya, -menye
wissen (E)-zi
wo hehe
Woche icyumweru, ibyumweru
woher hehe
wohin hehe
wohnen gutura, *-tuye
Wohnung inzu, inzu
wollen gushaka, -shatse
Wort ijambo, amagambo
Wörterbuch igitabo cy'amagambo, ibitabo by'amagambo
Wunde igisebe, ibisebe
wünschen kwifuza, -ifuje
wütend sein kurakara, -rakaye

Z

zahlen kwishyura, -ishyuye
Zahnarzt umuganga w' amenyo, abaganga b' amenyo
zeigen kwerekana, -erekanye
Zeit igihe, ibihe
Zeitung ikinyamakuru, ibinyamakuru
Zelt ihema, amahema
Zentrum hagati
Zigarette isigereti, amasigereti
Zimmer icyumba, ibyumba
Zoll ihoro
zu Fuß ku maguru
zufrieden sein kunezerwa, *-nezewe
zurück kommen kugaruka, -garutse
zusammen hamwe
zuviel sein kurenga, -renze
zwischen hagati

Wörterliste Kinyarwanda - Deutsch

A

(F)-a für; um zu; von
(F)-a nde wessen
(F)-a umunebwe faul (träge)
ababyeyi Eltern
abantu Leute, Volk
abaporisi Polizei
abashyakanye Ehepaar
agakingirizo, udukingirizo Kondom
agakoko, udukoko Insekt
agapaki, udupaki Päckchen
agapfuko, udupfuko Heftpflaster
agapfunyika, udupfunyika Päckchen
agatsiko, udutsiko Gruppe
ahandi, Ausland
ahantu, ahantu Lage (geogr.); Ort, Platz, Stelle
ahari etwa; vielleicht
aho gusohoka Ausgang
aho gutegera Haltestelle
akabare, utubare Gaststätte
akabare, -tetse Kneipe
Akagera, Kagera-Park
akarande, uturande Tradition
ako kanya plötzlich
amafaranga, amafaranga Geld, Bargeld; Gebühr; Valuta, Devisen

amahane Problem, Schwierigkeiten, Ärger
amahoro Frieden
amajyaruguru Norden
amajyepfo Süden
amarineti Brille
amarwa Sorghobier
amashyira Eiter
amatabishi Trinkgeld
amategeko, amateko Recht (Gesetze)
amateka Geschichte (Historie)
amavuta Öl; Salbe
amazi Wasser
ambiransi Krankenwagen
(F)-anyu euer/e
ariko aber
(F)-awe dein/e, Ihr/e

B

(E)-bi schlecht
birabujijwe verboten (es ist...)
birarangije fertig
birashoboka möglich (es ist...)
(F)-biri Paar
(E)-bisi roh; frisch (Obst)
bo sie (Mz.)
(F)-bo ihr/e (Mz.)
boîte de nuit Diskothek
bose babona hell (es ist...)
buhoro langsam
buri gihe jedesmal
buri munsi täglich
buri mwaka jährlich
burije spät am Abend
bwana Herr

C

(F)-cu unser/e
cyane, rwose genau
cyangwa oder

E

(F)-e ihr/e (Ez.), sein/e
ejo, ejo gestern; morgen
ejo bundi, übermorgen; vorgestern
fungura, -funguye öffnen
gahunda Programm
gaze Gas
Gezaho! Genug!
gucana, -canye Licht machen
gucumbikira, -cumbikiye Gastfreundschaft geben
gucuruza, -curuje Handel treiben, verkaufen

gufasha, -fashije helfen
gufata, -fashe halten, festhalten, nehmen
(E)-gufi kurz; niedrig
gufotora, -fotoye fotografieren
guha, -haye geben
guhaga, *-haze satt sein
guhagarara, -hagaze anhalten (irgendwo)
guhagarara, -hagaraye halten, anhalten
guhagarika imodoka, -hagaritse anhalten (ein Auto...)
guhagira, -hagiye waschen, sich
guhamagara, -hamagaye rufen
guhana, -hannye bestrafen
guheka, -hetse tragen (auf dem Rücken)
guhembwa, -hembwe verdienen
guhenda, -henze teuer verkaufen; betrügen
guhera, -hereye anfangen (an bestimmtem Ort)
guherekeza, -herekeje begleiten (nach einem Besuch)
guhindura, -hinduye wechseln
guhirwa, -hiriwe glücklich sein
guhitwa, -hiswe Durchfall (haben)
guhura, -huye treffen (begegnen)
gukanguka, -kangutse aufwachen
gukangura, -kanguye wecken
gukemura, -kemuye entscheiden
gukenera, -keneye brauchen
gukina, -kinye spielen; vergnügen, sich
gukingira, -kingize impfen
gukobana, -kobanye eng sein
gukodesha, -desheje mieten
gukodesha, -kodesheje vermieten
gukomera, *-komeye fest sein; hart sein; kompliziert sein, schwierig sein
gukomereka, -komeretse verletzten (sich)
gukonja, *-konje frieren, kalt sein, kühl sein
gukora, -koze arbeiten; machen, tun; reparieren
gukubita, -bise schlagen
gukunda, -kunze gefallen, gern haben, lieben, verlieben, sich
gukundira, -kundiye erlauben
gukurura, -kuruye abschleppen
gukwira, *-kwiye genug sein
gupfa, *-pfuye kaputt sein, eine Panne haben; sterben, tot sein
gusa nur
gusa nabi schmutzig
gusaba, -sabye bitten
gusakabaka, -sakabatse schreien
gusaza, *-shaje alt sein
guseka, -setse lachen (über etw.)
gusemura, -semuye übersetzen (Sprache)
gusenga, -senze beten
gusezeraho, -sezeyeho verabschieden,sich
gusezerana, -sezeranye versprechen (jmd. etwas)
gushaka, -shatse suchen; vorschlagen; wollen
gushima, -shimye gratulieren
gushimira, -shimiye danken
gushobora, -shoboye können
gushushanya, -shushanije malen
gushyenga, -shyenze lustig sein
gushyingura, -shyinguye reservieren
gushyira, -shyize legen, stellen

gushyuha, *-shyushye warm sein, heiß sein
gusigara, -sigaye bleiben
gusinda, *-sinze betrunken sein
gusingiza, -singije feiern
gusinya, -sinye unterschreiben
gusinzira, -sinziye schlafen
gusobanura, -sobanuye erklären
gusohoka, -sohotse aussteigen
gusoma, -somye lesen
gusonza, *-shonje hungrig sein
gusubira, -subiye wiederholen
gusubiza, -shubije antworten
gusukura, -sukuye sauber machen
gusura, -suye besuchen
guta, -taye verlieren (Dinge)
gutanga, -tanze geben
gutanga amafaranga, -tanze bezahlen
gutangira, -tangiye anfangen (zu bestimmter Zeit)
gutashya, -tahiye grüßen, sich
gutegana, -teganye gegenüber stehen
gutegura, -teguye vorbereiten
guteguza, -teguje verabreden (sich)
guteka, amasanduku kochen
gutekereza, -tekereje denken; erzählen
gutembera, -tembereye spazieren gehen
gutembera, -tembeye wandern
guterefona, -terefonye telefonieren
guterura, -teruye heben
gutinda, -tinze spät (zu spät sein), verspäten,sich
gutinya, -tinye fürchten, sich (vor)
gutira, -tiye leihen, sich (von)
gutiza, -tije verleihen (an)
gutongana, -tonganye streiten
gutota, *-tose nass sein
gutuka, -tutse beleidigen
gutuma, -tumye senden (Person)
gutumira, -tumiye einladen
gutumiza, -tumije bestellen
gutura, *-tuye wohnen
gututubikana, -tutubikanye schwitzen
gutwara, -twaye fahren; tragen
gutwita, *-twite schwanger sein

H

hafi nah
hagati Zentrum; zwischen
hamwe zusammen
hano hier
hanyuma danach
hanze draußen
hariya da, dort, dorthin
hashize, vor (Zeit)
kazi (n. Hauptwort) weiblich
hehe wo, woher, wohin
hejuru oben
hejuru ya über (örtl.)
hepfo, hasi unten
hose überall

I

ibahasha, amabahasha Briefumschlag
ibanki, amabanki Bank (Geld)
ibara, amabara Farbe
ibarwa, amabarwa Brief
ibere, amabere Brust (weibl.)
ibicurane, ibicurane Erkältung, Grippe
ibihe byose jedesmal
ibintu bye bwite Eigentum
ibipfunyika Gepäck
ibiringiti Bettzeug
ibiro, amabiro Büro
ibirori Feier, Fest
ibirungu Gewürz

Wörterliste Kinyarwanda - Deutsch

ibiryo Speise
ibiryo byo mu gitondo Frühstück
ibisi, amabisi Bus
ibitaro, amabitaro Krankenhaus
ibumoso links
iburasirazuba Osten
iburengerazuba Westen
iburyo rechts
ibuye, amabuye Stein; Batterie
ibyeri, ibyeri Bier (europ.)
icumbi, amacumbi Unterkunft
icupa, amacupa Flasche
icyaduka, Mode
icyaha, ibyaha Verbrechen
icyambu, ibyambu Hafen
icyangombwa, ibyangombwa Ausweis, Pass, Dokument(e)
icyatsi, ibyatsi Gras
icyerekezo, ibyerekezo Richtung
icyo gusimbura, ibyo gusimbura Ersatzteil
icyo kunwa, ibyo kunwa Getränk
icyuma, ibyuma Messer
icyuma gifotora, ibyuma bifotora Fotoapparat
icyumba, ibyumba Raum, Zimmer
icyumba cyo kuryama, ibyumba byo kuryama Schlafzimmer
icyumweru, ibyumweru Woche
ideresi, amaderesi Adresse
idirishya, amadirishya Fenster
idisiki, amadisiki Schallplatte
iduka, amaduka Geschäft (Laden), Handel
ifarimasi, amafarimasi Apotheke
ifi, amafi Fisch
ifirigo, amafirigo Kühlschrank
igaraji, amagaraji Autowerkstatt
igarama, amagarama Gramm
igare, amagare Bahnhof (Bus-, Taxi-)
igari, amagari Fahrrad
igereza, amagereza Gefängnis
igeze, bis
igi, amagi Ei
igicamunsi, Nachmittag
igice, ibice Hälfte
igiceri, ibiceri Geldstück
igiciro cy'uruganda, ibiciro cy'inganda Fahrpreis
igicumuro, ibicumuro Fehler
igicumuro, ibicumuro Schuld, Verbrechen
igihano, ibihano Strafe
igihe, ibihe Zeit; Jahreszeit
igihembo, ibihembo Lohn, Gehalt
igihugu, ibihugu Land
igihugu, ibihugu Landschaft
igikinisho, ibikinisho Spielzeug
igikombe, ibikombe Gefäß
igikomere, ibikomere Verletzung
igipfunyika, ibipfunyika Paket
igisanzwe normal
igisate, ibisate Stück
igisebe, ibisebe Wunde
igisenge, ibisenge Dach
igisika, ibisika Wand
igisubizo, ibisubizo Antwort
igitabo, ibitabo Buch
igitabo cy'amagambo, ibitabo by'amagambo Wörterbuch
igitanda, ibitanda Bett
igitaramo, ibitaramo Konzert
igiteranyo, Summe
igiti, ibiti Baum; Holz; Pflanze (Baum)
igitondo, ibitondo Mor-gen, Vormittag
igitumbwe Wetter (trübes, kaltes)
igituza, ibituza Brust
igorofa, amagorofa Etage
ihema, amahema Zelt
iherezo Ende

ihirwe, amahirwe Glück
ihoro Zoll
ihoteri, amahoteri Hotel
ijambo, amagambo Wort
ijoro Nacht
ijwi, amajwi Stimme
ikanya, amakanya Gabel
ikaramu, amakaramu Bleistift
ikarita, amakarita Karte; Landkarte; Postkarte
ikarita ry'ibiryo Speisekarte
ikariti, amakariti Plan
iki was; wie
ikibabi, ibibabi Blatt (Baum)
ikibazo, ibibazo Frage
ikibiriti, ibibiriti Streichhölzer
ikibuga cy'indege, ibibuga by'indege Flughafen
ikibunda Wetter (bedeckt)
ikidagi Deutsch (Sprache)
ikigago Sorgliubler
ikiganiro, ibiganiro Unterhaltung
ikiguzi, ibiguzi Preis
ikingereza, englisch
ikingiki, ibingibi dieses
ikinini, ibinini Tablette
ikintu, ibintu Ding, Sache, Ware
ikinyamakuru, ibinyamakuru Zeitung
ikirahure, ibirahure Glas
ikiraro, ibiraro Brücke
ikirenge, ibirenge Fuß
ikirere, ibirere Gegend
ikiringiti, ibiringiti Decke(Bett)
ikiriziya, amakiriziya Kirche
ikiruhuko, ibiruhuko Ferien, Urlaub; Ruhe
ikirwa, ibirwa Insel
ikiryo, ibiryo Lebensmittel
ikiyiko, ibiyiko Löffel
Imana Gott
imbeho Kälte
imbere vor (örtl.)
imbere vorne, vor (örtl.); vorher, vor (zeitl.)
imboga, imboga Gemüse
imbuto, imbuto Frucht
imbuto, Obst
imodoka, amamodoka Auto
imodoka, amamodoka Fahrzeug (Auto)
imodoka, amamodoka Wagen
imoteri, amamoteri Motor
impanuka, impanuka Unfall
imvura, imvura Gewitter, Regen
inama, inama Rat
incuro, incuro Menge, Quantität
incuti, incuti Freund(in)
indege, indege Flugzeug
indirimbo, indirimbo Lied
indorerwamo Brille
indwara, indwara Krankheit
ingabire, ingabire Geschenk an Untergebene
inganda, Industrie
ingaragu, ingaragu lediger Mann
ingaramatika, ingaramatika Grammatik
ingoma, ingoma Trommel
ingume, ingume selten (etwas seltenes)
iniverisite, amaniverisite Universität
inkiko, inkiko Grenze
inkuba, inkuba Gewitter (Blitz und Donner)
inkumi, inkumi Fräulein, junges Mädchen
inkuru, amakuru Nachricht
inkweto, inkweto Schuh
inkwi, inkwi Holz (Brenn-)
-inshi viel
intama, intama Schaf
interuro, interuro Satz (Grammatik)
intore, intore Tänzer
intumwa, intumwa Botschaft (dipl.), Konsulat
inumero, amanumero Nummer
inyama, inyama Fleisch
inyamaswa, inyamaswa Tier (wildes)
inyanja, inyanja See
inyoni, inyoni Vogel
inyubakwa, inyubakwa

Gebäude
inyuma hinten
inyuma ya hinter
inyunguti, inyunguti Buchstabe
inzira, inzira Gasse, Weg
inzoga, inzoga Bier (einheimisches)
inzoka ifite ubumara, inzoka zifite ubumara Giftschlange
inzu, inzu Gebäude, Haus, Wohnung
inzu y'urwibutso, inzu z'urwibutso Museum
ipaki, amapaki Paket
ipamba Watte
iparikaji, amaparikaji Parkplatz
ipariki, amapariki Park
ipeterori Petroleum (für Lampe)
ipikipiki, amapikipiki Motorrad
ipompo rya risansi, amapompo ya risansi Tankstelle
iporitike Politik
iposita, amaposita Post(amt)
iradiyo, amaradiyo Radiogerät
iresitora, amaresitora Restaurant
iruhande neben
irungu Langeweile
isabuni, amasabuni Seife
isaha, amasaha Stunde; Uhr
isanduku, amasanduku Kasse
isanduku, -je Koffer
isekunda, amasekunda Sekunde
isheki, amasheki Scheck
ishuka, amashuka Laken
ishuri, amashuri Schule
ishusho, amashusho Bild
ishyamba, amashyamba Wald
isigereti, amasigereti Zigarette
isinema, amasinema Film (Kino-); Kino
isinya, amasinya Unterschrift
isipori Sport
isitimu, amasitimu Lampe (elektrisch)
isoko, amasoko Markt
isuku Hygiene (Sauberkeit)
isupu, Suppe
itabi Tabak
itagisi, amatagisi Taxi
itara, amatara Lampe (Öl)
itariki, amatariki Datum
itegeko, amategeko Gesetz
iteka immer
itembure, amatembure Briefmarke
iteme, amateme Brücke
iterefoni, amaterefoni Telefon
iteregaramu, amateregaramu Telegramm
itereviziyo, amatereviziyo Fernsehgerät
itike y'indege, amatike y'indege Flugticket
itumiza, amatumiza Bestellung
ituro, amaturo Geschenk an Höhergestellte
ituze Ruhe
iyo wenn
(E)-iza gut, schön, freundlich, gemütlich, richtig
izina, amazina Familienname
izina, amazina Name
izina ry' irikiristu, amazina y' amakiristu Vorname
izuba Sonne

J, K

jyewe ich
kaminuza, kaminuza Universität
kandi dann
kare früh
(E)-ke, wenig
(E)-kene arm
kenshi oft
(E)-keya wenig, etwas, ein bisschen
kingura, -kinguye öffnen

(E)-kire reich
ko, ngo dass
koga, -oze schwimmen
kohereza, -ohereje senden (Gegenstand)
komeza geradeaus
kononekara, *-ononekaye kaputt sein
koroha, *-oroshye einfach sein
koroha, *-oroshye leicht sein (nicht schwer)
koza, -oje waschen
ku auf; gegen
ku maguru zu Fuß
ku, hafi bei
ku, kuri, i nach (Richtung)
kuba, *-ri sein
kubabara, -babaye Schmerzen haben
kubaho, -riho leben
kubaka, -batse bauen
kubanza, -banje (= -banjije) anfangen (mit bestimmter Handlung)
kubara, -baze rechnen
kubarira, -bariye informieren, sich
kubaza, -bajije fragen
kubera, -bereye sitzen, passen (Kleidung)
kubera, wegen
kubeshya, -beshye lügen
kubiha, *-bishye sauer sein
kubobera, *-bobereye feucht sein
kubona, -bonye finden; sehen
kubora, *-boze faul sein (Obst)
kubura ubwenge, *-buze ubwenge dumm sein
kuburira, -buriye benachrichtigen
kubuza, -bujije stören
kubwira, -bwiye sagen
kubyina, -byinye tanzen
kubyuka, -byutse aufstehen
kuganira, -ganiriye ein Gespräch führen, reden, sich unterhalten
kuganya, -ganye beschweren, sich
kugarama, -garamye liegen (auf den Rücken)
kugaruka, -garutse zurück fahren, zurück kommen
kugenda, -genze gehen, reisen; abfahren, abreisen
kugendana, -gendanye begleiten
kugenzura, -genzuye besichtigen
kugenzura, -genzuye kontrollieren
kugera, -geze ankommen (irgendwo)
kugerageza, -gerageje kosten (probieren)
kugerageza, -gerageje versuchen
kugerura, -geruye Ermäßigung
kugira, -fite haben
kugira agaciro, *-fite agaciro gültig sein
kugira amatsiko, *-fite amatsiko neugierig sein
kugira inda, *-fite inda schwanger sein
kugira intimba, -fite intimba traurig
kugira isuku, *-fite isuku sauber sein
kugira ngo damit
kugira ubwenge, utubare klug sein
kugira ubwira, *-fite ubwira dringend sein
kugira umwete, * -fite umwete fleißig sein
kugira urwenya, *-fite urwenya fröhlich sein
kugomba, -gombye müssen
kugomba, -gombye sollen
kuguma, -gumye bleiben
kugura, -guze kaufen
kugurana, -guranye umtauschen (Gegenstand)
kugurisha, -gurishije verkaufen
kuguruka, -gurutse fliegen
kugurwa, -guzwe kosten (Preis)
kugurwa bike, -guzwe bike

billig sein
kuhoma, -homye
flicken (Reifen)
kujya, -giye gehen
kujyana, -jyanye begleiten
kuki, warum
kuko, weil
kuma, *-umye
trocken sein
kumara, -maze dauern
kumenya, -menye
kennen, wissen
kumenya, -menye wissen
kumenyera, -enyereye
gewöhnen, sich (an)
kumenyereza, -menyereje
üben
kumenyesha, -menyesheje
benachrichtigen
kumurika, -muritse
erhellen
kumva, -vuye fühlen, sich
kumva, -umvise hören
kumva, -umvise verstehen
kumwenyura, -mwenyuye
lächeln
kunanirwa, *-naniwe
müde sein
kunanuka, *-nanutse
dünn sein
kunezerwa, -nezerewe
freuen, sich
kunezerwa, *-nezewe
zufrieden sein
kunwa, -noye trinken
kunwa itabi, -noye itabi
rauchen
kunyura, -nyuye
durch (hindurch)
kurakara, -rakaye
wütend sein
kuramutsa, -ramukije
begrüßen
kuramutsa, -ramutse
grüßen
kurangiza, -rangije
beenden
kurangurura, -ranguruye
laut sprechen
kurasa, -rashe schießen
kure fern
kureba, -rebye besichtigen
kurekera aho, rekeye aho
aufhören
kuremera, *-remeye
schwer sein (Gewicht)
kurenga, -renze zuviel sein
kurinda, -rinze warten
kurira, -rize weinen
kuririmba, -ririmbye
singen
kurondereza, -rondereje
sparen
kuronka, -rontse erhalten
kurora, -roye besichtigen
kuruhuka, -ruhutse
erholen, sich
kurunda, -runze sammeln
kurura, -*ruye = *-ruze
sauer sein
kurusha, -rushije
besser sein
kuruta, -ruse mehr sein
kurwara, *-rwaye
krank sein
kurya, -riye essen
kurya mu gitondo,
-riye mu gitondo
frühstücken
kurya sasita
Mittag essen (zu)
kuryama, *-ryamye
liegen (im Bett), schlafen
kuryoha, *-ryose
schmackhaft sein;
süß sein
kutamenyekana,
-tamenyekanye
unbekannt sein
kuva aus; seit
kuvuga, -vuze sprechen,
reden; vorstellen (jmd.)
kuvugira, -vugiye
empfehlen
kuvugwa, *-vuzwe
berühmt sein
kuvunja, -vunje
wechseln (Geld)
kuvunjira, -vunjiye
umtauschen
kuyoba, -yobye
verirren, sich
kuza, -je ankommen
kuza kommen
kuzanira, -zaniye bringen
kuzigura, -ziguye
Umweg machen
kuzira igihe, -ziye igihe
pünktlich kommen
kuzura, *-uzuye voll sein
kuzuza, -uzuje
füllen, voll machen
kwaka, -atse brennen
kwakira, -akiriye

empfangen
kwambara ubusa, -ambaye ubusa nackt sein
kwambura, -ambuye ausziehen (Kleidung)
kwandika, -anditse schreiben
kwandikisha , -andikishije registrieren lassen
kwemera, -emeye glauben
kwemerera, -emereye erlauben
kwemeza, -emeje beweisen
kwera, *-eze reif sein
kwerekana, -erekanye zeigen
kwiba, -ibye stehlen
kwibagirwa, -ibagiwe vergessen
kwibuka, -ibutse sich erinnern
kwibwirana, -ibwiranye bekanntmachen, sich
kwica, -ishe töten
kwicara, -icaye setzen, sich
kwicara, -icara sitzen
kwifuza, -ifuje wünschen
kwiga, -ize lernen (selbst)
kwigenga, -igenze frei sein
kwigisha, -igije lehren
kwigisha, -igishije unterrichten (lehren)
kwihuta, -ihuse beeilen, sich
kwikorera, -koreye tragen (auf dem Kopf)
kwimba inzu, -imbye inzu einbrechen
kwinjira, -injiye einsteigen, eintreten
kwiruka, -irutse laufen, rennen
kwishima, -ishimye freuen, sich
kwishima, *-shimye glücklich sein
kwishyura, -ishuye bezahlen
kwishyura, -ishyuye zahlen
kwita, -taye interessieren, sich (für)
kwitanisi, amakwitanisi Rechnung
kwitsa, -ikije Pause machen
kwivuga, -ivuze vorstellen, sich
kwivura, -ivuye behandeln (Krankenh.)
kwivuza, -vuje (= -vujije) behandeln lassen (Krankenhaus)
kwiyuhagira, -iyuhagiye baden
kwizera, -izeye hoffen

M

mama, nyoko, nyina Mutter (meine, deine/Ihre, seine/ihre)
maze, -shize nach (Zeit)
mbabarire Entschuldigung
mpuzamahanga international
mu in (zeitlich)
mu, ku, i in (örtlich)
mu, muri, ku während
munsi ya unter
murakoze danke
(F)-mwe einige
mwiza cyane ausgezeichnet

N

n' iki gituma warum
na auch, mit, und
nde wer
(F)-ndi übrig
(F)-ngahe wieviel
ngombwa wichtig
(F)-njye mein/e
ni cyo gituma darum, deshalb; weil
ni menshi teuer (es ist...)
Ni muntabare! Hilfe!
ni ngombwa notwendig (es ist...)
ni ukuri sicher (es ist...), wahr (es ist...)
nibyo so ist es
(E)-nini breit, dick, groß
nka, nk' wie (Vergleich)
nonaha jetzt, sofort
none heute
Nta mugabo mfite ledig, ich bin... (Frau)
Nta mugore mfite ledig,

ich bin... (Mann)
ntabwo niemals
ntacyo nichts
ntaho nirgendwo/-hin
ntawe niemand
ntihabona dunkel (es ist...)
nuko einverstanden
Nyagasani (Yesu) Herr (Jesus)
nyirinzu Gastgeber
nyuma ya sasita Nachmittag

O, P

ongera noch einmal
(F)-onyine allein, selbst
(F)-ose alles, ganz
otirishi Österreich
oya nein
Pariki y' ibirunga Vulkanen-Park

R

Rekeraho! Genug!
(E)-re(E)-re lang (Entfernung), lang(e) (Zeit), groß, hoch, tief
rimwe einmal
rimwe na rimwe manchmal
risansi Benzin
rubanda Leute
ryari wann

S

sasita Mittag
(E)-shya neu

T

(F)-taha nächste/s (Zeitangabe)
(F)-te wie
(E)-to jung, klein
(E)-toya klein, niedrig
(F)-tyo solch(e,er,es)
twebwe wir

U

ubucuti Freundschaft
ubudagi Deutschland
ubuhanzi Kunst
ubukwe Hochzeit
ubundi wieder
uburemere Gewicht
ubürerbure Größe (Kleidung u.ä.)
uburozi Gift
ubusa kostenlos
ubusa, ubusa leer
ubusitani, amasitani Garten
ubuswisi Schweiz
ubutumire Einladung
ubuzima Gesundheit; Leben
ubwato, amato Boot, Fähre, Schiff
ubwenegihugu Nationalität, Staatsangehörigkeit
ubwiteganyirize Versicherung
ubwoba Angst
ukuboko, amaboko Arm
ukuri echt
ukwezi, amezi Monat
umubande, imibande Tal
umucuruzi, abacuruzi Händler
umucyo Wetter (schönes)
umudagi, abadagi Deutsche(r)
umudugudu, imidugudu Dorf
umufuka, imifuka Tasche
umufuka wo guheka, imifuka yo guheka Rucksack
umugabo, abagabo Mann, Ehemann
umuganga, abaganga Arzt
umuganga w' amenyo, abaganga b' amenyo Zahnarzt
umugani, imigani Geschichte (Erzählung)
umugati, imigati Brot
umugenzo, imigenzo Brauch
umugezi, imigezi Fluß
umugi, imigi Stadt
umugore, abagore Ehefrau
umugore, abagore Frau
umugoroba, imigoroba

Abend
umugozi, imigozi Seil
umuhana, imihana Umgebung
umuhanda, imihanda Straße, Weg
umuhinzi, abahinzi Bauer, Landwirt
umuhungu, abahungu Junge
umukarani, abakarani Angestellte(r)
umukasi, imikasi Schere
umukecuru, abakecuru alte Frau
umukino, imikino Theaterstück
umukobwa, abakobwa Fräulein, Mädchen
umukozi, abakozi Arbeiter(in)
umunara, iminara Turm
umunota, iminota Minute
umunsi, iminsi Tag
umunsi mukuru, iminsi mikuru Festtag
umunsi wo kuvuka, iminsi yo kuvuka Geburtstag
umuntu, abantu jemand, Mensch, Person
umuntu mwese, jeder
umunya ... , abanya ... Einwohner von ...
umunyamahanga, abanyamahanga Fremder
umunyamakuru, abanyamakuru Journalist
umunyeshuri, abanyeshuri Schüler(in)
umunyeshuri, abanyeshuri Student
umunyu Salz
umupira, imipira Reifen
umuporisi, abaporisi Polizist
umurima, imirima Feld
umurimbo, imirimbo Schmuck
umurimo, imirimo Geschäft (Tätigkeit)
umuriro, imiriro Brand, Feuer; Fieber
umurwayi, abarwayi Patient
umuryango, imiryango Eingang
umuryango, imiryango Familie; Organisation; Tür
umusarani, imisarani Toilette
umusaza, abasaza alter Mann
umusemuzi, abasemuzi Dolmetscher, Übersetzer
umusenyi, imisenyi Sand
umushahara, imishahara Lohn, Gehalt
umushoferi, abashoferi Chauffeur
umushyitsi, abashyitsi Besuch(er), Gast
umusore, abasore junger Mann
umusozi, imisozi Berg, Gebirge
umuswisi, abaswisi Schweizer(in)
umutaka, imitaka Regenschirm
umutako, imitako kunstgewerbl. Waren
umuti, imiti Medikament
umutima, imitima Gefühl
umutunzi, abatunzi Besitzer
umuturage, abaturage Bürger (Staats-)
umutware, abatware Chef
umuvandimwe, abavandime Familienangehörige/r
umuvandimwe, abavandimwe Geschwister
umuvuzi, abavuzi Arzt
umuyaga, imiyaga Wind
umuyobozi, abayobozi Reiseleiter
umuzika, imizika Musik
umuzungu, abazungu Europäer
umwaka, imyaka Jahr
umwambaro, imyambaro Kleidung
umwana, abana Kind
umwana w'umuhungu, abana b'abahungu Sohn
umwana w'umukobwa, abana b'abakobwa Tochter
umwanda, imyanda Müll
umwarimu(kazi), abarimu(kazi) Lehrer(in)

umwenda, imyenda Stoff
umwere, unschuldig
umwobo, imyobo Loch
umwotirishi Österreicher(in)
umwuga, imyuga Beruf
uramuke, tschüß (am Abend)
urudodo, indodo Faden
urufunguzo, infunguzo Schlüssel
uruganda, inganda Fabrik
urugendo, ingendo Reise
urugero, ingero Beispiel
uruhande, impande Seite (Richtung)
uruhushya, impushya Erlaubnis
urupapuro, impapuro Blatt (Papier), Formular, Papier, Prospekt, Toilettenpapier
urupfu Tod
urupfuko, impfuko Binde
ururabo, indabo Blume, Pflanze
ururimi, indimi Sprache
urushinge, inshinge Nadel; Spritze
urutoki, intoki Finger
urwagwa Bananenbier
urwego, inzego Treppe
urwibutso, inzibutso Andenken
uwuhe welcher
uyu jener
uyu munsi heute
uyunguyu, abangaba diese(r,s)

V -Z

vuba bald; plötzlich, schnell
we, sie (Ez.)
wirirwe tschüß (tagsüber)
wowe du, Sie
yego ja
zahabu Gold
(E)-zi wissen
(E)-zima gesund
(E)-zungu europäisch

Rinder sind das Statussymbol Ruandas

Der Autor

Karel Dekempe, Jahrgang 1957, geboren in Blankenberge/Belgien. Während meiner Krankenpflegeausbildung war ich 1977 zum ersten Mal in Ruanda und begann Kinyarwanda zu lernen. Bis 1981 arbeitete ich im ländlichen Gesundheitszentrum von Gisagara im Süden Ruandas an der Grenze zu Burundi.

Seit dem Krieg 1994 war ich sehr häufig in Ruanda und in den Nachbarländern für die katholische Gemeinschaft Emmanuel und ihre Hilfsorganisation FidesCo, für die ich arbeite, tätig. Sprachen und Mundarten sind mein Hobby.

Ein besonderes Dankeschön geht an alle Banyarwanda, die mir beim Erlernen ihrer schönen Sprache behilflich waren und speziell an Pfarrer Dismas Iyakaremye, der das Manuskript durchgelesen und manchen Fehler entdeckt hat. Tony Weidner hat mir sehr bei der Formulierung der deutschen Sprache geholfen.

Meiner Frau und meinen Kindern danke ich für ihre Hilfe und besonders für die Zeit, die sie mir geschenkt haben, damit ich diesen Sprachführer schreiben konnte.

Ndashimiye abanyarwanda bose bamfashije kwiga ururimi rwabo rwiza!